事业单位会计与财务管理研究

李广林　韦妍兰　兰淑华　著

北京工业大学出版社

图书在版编目（CIP）数据

事业单位会计与财务管理研究 / 李广林，韦妍兰，兰淑华著 . — 北京 ：北京工业大学出版社，2021.5

ISBN 978-7-5639-8007-9

Ⅰ．①事… Ⅱ．①李… ②韦… ③兰… Ⅲ．①单位预算会计②财务管理 Ⅳ．① F810.6 ② F275

中国版本图书馆 CIP 数据核字（2021）第 116014 号

事业单位会计与财务管理研究

SHIYE DANWEI KUAIJI YU CAIWU GUANLI YANJIU

著　　者：李广林　韦妍兰　兰淑华

责任编辑：李俊焕

封面设计：知更壹点

出版发行：北京工业大学出版社

　　　　　（北京市朝阳区平乐园 100 号　邮编：100124）

　　　　　010-67391722（传真）　bgdcbs@sina.com

经销单位：全国各地新华书店

承印单位：北京亚吉飞数码科技有限公司

开　　本：710 毫米 ×1000 毫米　1/16

印　　张：11.75

字　　数：235 千字

版　　次：2022 年 7 月第 1 版

印　　次：2022 年 7 月第 1 次印刷

标准书号：ISBN 978-7-5639-8007-9

定　　价：75.00 元

前　言

　　事业单位会计与财务管理工作关系着事业单位各项工作的顺利开展。当今社会事业单位越来越多地参与到市场竞争中，会计与财务管理工作的内容和方法趋于复杂化与多样化，如何有效提高会计与财务管理的水平是当前事业单位面临的一项重要课题。研究分析我国事业单位会计与财务管理的现状，据此提出相应的发展措施，对于促进会计与财务管理工作的科学化、规范化与创新化，具有十分重要的意义。

　　本书共五章。第一章为事业单位会计工作概述，包括事业单位的定义及特征、事业单位会计工作的现状、事业单位会计工作存在问题的对策、事业单位会计工作改革的必要性、事业单位会计工作改革的措施等内容。第二章为事业单位财务管理概述，包括财务管理的内涵及主要内容、事业单位财务管理、事业单位财务管理的重要性及作用、事业单位财务管理存在的问题及对策、事业单位财务管理的相关法规及主要任务等内容。第三章为新政府会计制度对会计工作的影响，包括新政府会计制度、新政府会计制度的主要内容及特点、新政府会计制度对事业单位会计核算的影响、事业单位实施新政府会计制度的路径等内容。第四章为大数据时代事业单位会计与财务管理变革，包括大数据的内涵及特征、大数据技术的现实意义、大数据时代会计与财务管理的信息化变革、大数据时代事业单位会计与财务管理面临的机遇与挑战、大数据时代事业单位会计与财务管理变革的路径等内容。第五章为事业单位会计与财务管理创新发展路径，包括完善事业单位会计与财务管理制度、提升事业单位会计与财务管理人员素质、创新事业单位会计与财务管理工作模式、加强对事业单位会计与财务管理工作的监督等内容。

　　为了保证内容的丰富性与研究的多样性，笔者在撰写本书的过程中参考了大量的相关文献，在此谨向相关文献的作者表示衷心的感谢。

　　最后，由于笔者水平有限，加之时间仓促，书中难免存在不足之处，在此恳请广大读者批评指正。

目　录

第一章 事业单位会计工作概述

事业单位的会计工作是对公共部门的财务收支情况和政府的预算与实施进行核算和反映，也体现着国家各类资源分配是否公平以及国家财产是否处于安全状态。事业单位会计工作以事业单位实际发生的各项经济业务为对象，记录、反映和监督事业单位预算执行过程及其结果。事业单位会计按行业可分为科学、教育、文化、卫生、体育事业单位会计以及农、林、水利、勘探事业单位会计等。它们以社会效益和经济效益为目的，具有进行预测、控制、核算、分析、监督和参与决策的职能。本章分为事业单位的定义及特征、事业单位会计工作的现状、事业单位会计工作存在问题的对策、事业单位会计工作改革的必要性、事业单位会计工作改革的措施五部分。主要内容包括事业单位的定义、事业单位的特征、政府会计改革背景及目标、政府会计标准体系、我国事业单位会计工作目前取得的成果、我国事业单位会计目前存在的问题等。

第一节 事业单位的定义及特征

一、事业单位的定义

事业单位，是指国家为了社会公益，由国家机关举办或者其他组织利用国有资产举办的，从事教育、科研、文化、卫生、体育、新闻出版、广播电视、社会福利、救助减灾、统计调查、技术推广与实验、公用设施管理、物资仓储、监测、勘探与勘察、测绘、检验检测与鉴定、法律服务、资源管理事务、质量技术监督事务、经济监督事务、知识产权事务、公证与认证、信息咨询、人才交流、就业服务、机关后勤服务等活动的社会服务组织。

事业单位实行登记管理制度。经县级以上各级人民政府及其有关主管部门

1

（简称审批机关）批准成立后，应当依照《事业单位登记管理暂行条例》的规定登记或者备案。事业单位应当在核准登记的业务范围内开展活动。从行政隶属关系来看，事业单位一般要接受国家行政机关的领导，即相应行政单位的所属单位，例如教育部或教育厅直属的各类学校。

二、事业单位的特征

（一）公益性

公益指大多数人的利益所在，公益性是事业单位这种组织形式的根本宗旨和基本目标。同时，公益性是事业单位的社会功能和市场经济体制的要求决定的。在社会主义市场经济条件下，市场对资源配置起决定性作用，但在一些领域，某些产品或服务，如教育、卫生、基础研究、市政管理等，不能或无法由市场来提供，为了保证社会生活的正常进行，就要由政府组织、管理或者委托社会公共服务机构从事社会公共产品的生产，以满足社会发展和公众的需求。事业单位所追求的首先是社会效益，同时，有些事业单位在保证社会效益的前提下，为实现事业单位的健康发展和社会服务系统的良性循环，根据国家规定向接受服务的单位或个人收取一定的服务费用。

（二）提供公共服务

公共服务是指由政府部门、国有企事业单位和相关中介机构履行法定职责，根据公民、法人或者其他组织的要求，为其提供帮助或者办理有关事务的行为。

公共服务可以根据其内容和形式分为基础公共服务、经济公共服务、公共安全服务、社会公共服务。基础公共服务是指那些通过国家权力介入或公共资源投入，为公民及其组织提供从事生产、生活、发展和娱乐等活动都需要的基础性服务，如提供水、电、气，交通与通讯基础设施，邮电与气象服务等。经济公共服务是指通过国家权力介入或公共资源投入为公民及其组织即企业从事经济发展活动所提供的各种服务，如科技推广、咨询服务以及政策性信贷等。公共安全服务是指通过国家权力介入或公共资源投入为公民提供的安全服务，如军队、警察和消防等方面的服务。社会公共服务则是指通过国家权力介入或公共资源投入为满足公民的社会发展活动的直接需要所提供的服务。社会发展领域包括教育、科学普及、医疗卫生、社会保障以及环境保护等领域。社会公共服务是为满足公民的生存、生活、发展等社会性直接需求的服务，如公办教育、公办医疗、公办社会福利等。

　　事业单位的功能实际上就是提供公共事业产品，提供公共事业产品是事业单位产生和存在的基本条件。科、教、文、卫等领域的事业单位，是保障国家政治、经济、文化生活正常进行的社会服务支持系统。

（三）属于非公共权力机构

　　所谓公共权力，是指在公共管理的过程中，由政府官员及其相关部门掌握并行使的，用以处理公共事务、维护公共秩序、增进公共利益的权力。从本源上讲，公共权力来源于人民。公共权力的产生是为了维护社会公共秩序，增进社会公共利益。公共权力的运行过程实际上就是把权力的运行机制应用到经济、社会公共事务的管理之中，进而实现一定的经济、社会目标。公共权力是一种特殊的权力形式，它是为适应社会生活的需要，满足社会需求，处理公共事务而产生的。

　　事业单位是因社会与公众对公共事务服务的需求而存在的，之所以由国家来举办是适应了国家对社会及公共事务的组织与管理要求，并不因此而对公众和其他社会组织具有强制性的管理职能。

　　事业单位所从事的事业多是政府职能所派生出来的具体事务，但它却不属于公共行政权力机关，不具有公共行政权力，同类事业单位之间也不存在领导与被领导的关系，对于行政区划内的其他部门或个人也不具有行政管理的职能。它只能利用自身的专业知识和专门技术向社会提供诸如教育文化、医疗卫生等方面的服务，专业性服务是事业单位基本的社会职能。

（四）属于知识密集型组织

　　知识密集型组织是知识员工占据较高的比重，对知识的需求更为迫切，知识对业绩有着更为关键影响的组织。

　　绝大多数事业单位是以脑力劳动为主体的知识密集型组织，专业人才是事业单位的主要人员构成，利用科技文化知识为社会各方面提供服务是事业单位基本的社会职能。虽然事业单位不是主要从事物质产品的生产，但由于其在科技文化领域的地位，对社会进步起着重要的推动作用，是社会生产力的重要组成部分，在国家科技创新体系中，居于核心地位。

（五）经费来源的国产化

　　我国的事业单位基本上由国家财政统一拨给各项事业经费，这是中国传统事业管理体制的一个基本特征。随着事业单位体制改革的深化和发展，事业单位的经费来源日趋呈现多元化的态势，但来自国家的财政拨款在事业单位的经费中仍然占主导地位。根据拨款形式，事业单位可以分为全额拨款事业单位、差额拨款事业单位，还有一种是自主事业单位，是国家不拨款的事业单位。

全额拨款事业单位，也称为全供事业单位，也就是全额预算管理的事业单位，是其所需的事业经费全部由国家预算拨款的一种管理形式。这种管理形式，一般适用于没有收入或收入不稳定的事业单位，如学校、科研单位、卫生防疫、工商管理等事业单位，即人员费用、公用费用都要由国家财政提供。采用这种管理形式，有利于国家对事业单位的收入进行全面的管理和监督，同时，也使事业单位的经费得到充分的保障。

差额拨款事业单位，按差额比例，财政承担部分，由财政列入预算；单位承担部分，由单位在税前列支，如医院等。差额拨款事业单位的人员费用由国家财政拨款，其他费用自筹。这些单位的人员工资构成中固定部分为60%，非固定部分为40%。按照国家有关规定，差额拨款事业单位要根据经费自主程度，实行工资总额包干或其他符合自身特点的管理办法，促使其逐步减少国家财政拨款，向经费自收自支过渡。

现阶段，我国事业单位经费来源主要包括财政补助和非财政补助两类。

（六）事业单位范围的广泛性

事业单位涉及许多行业，活动领域十分广泛。按照机构编制部门的统计，目前我国的事业单位包括以下25种类别。

教育事业单位，科学研究事业单位，勘察设计事业单位，勘探事业单位，文化事业单位，新闻出版事业单位，广播影视事业单位，卫生事业单位，体育事业单位，农林牧水事业单位，交通事业单位，气象事业单位，地震事业单位，海洋事业单位，环境保护事业单位，测绘事业单位，信息咨询事业单位，标准计量、技术监督、质量检测事业单位，知识产权事业单位，物资仓储、供销事业单位、房地产服务、城市公共事业单位，社会福利事业单位，经济监督事业单位，机关后勤服务事业单位以及其他事业单位。

其中教育事业单位、农林牧水事业单位、卫生事业单位、文化事业单位在数量上名列前茅。教育事业单位是我国事业单位的主体，其工作人员大约占目前我国事业单位工作人员规模的一半以上。

由此可见，事业单位的范围涉及教育、科学、技术、文化、卫生、体育等行业和领域。其主体具有多元性，其规模具有宏大性。

第二节　事业单位会计工作的现状

一、政府会计改革背景及目标

政府会计是会计体系的重要分支，它是运用会计专门方法对政府及其组成主体（包括政府所属的事业单位等）的财务状况、运行情况（含运行成本，下同）、现金流量、预算执行等进行全面核算、监督和报告。

2013年11月，党的十八届三中全会通过的《中共中央关于全面深化改革若干重大问题的决定》（简称《决定》）作出了"建立权责发生制的政府综合财务报告制度"的重要战略部署。2014年8月，新修正的《中华人民共和国预算法》要求"各级政府财政部门应当按年度编制以权责发生制为基础的政府综合财务报告，报告政府整体财务状况、运行情况和财政中长期可持续性，报本级人民代表大会常务委员会备案"。2014年12月，国务院批转了财政部《权责发生制政府综合财务报告制度改革方案》（国发〔2014〕63号，以下称《改革方案》），正式确立了我国权责发生制政府综合财务报告制度改革的指导思想、总体目标、基本原则、主要任务、具体内容、配套措施、实施步骤和组织保障。《改革方案》提出，要加快推进政府会计改革，逐步建立以权责发生制政府会计核算为基础，以编制和报告政府资产负债表、收入费用表等报表为核心的权责发生制政府综合财务报告制度，提升政府财务管理水平，促进政府会计信息公开，推进国家治理体系和治理能力现代化。

同时，《改革方案》指出，政府会计科目设置要实现预算会计和财务会计双重功能。预算会计科目应准确完整反映政府预算收入、预算支出和预算结余等预算执行信息，财务会计科目应全面准确反映政府的资产、负债、净资产、收入、费用等财务信息。条件成熟时，推行政府成本会计，规定政府运行成本归集和分摊方法等，反映政府向社会提供公共服务支出和机关运行成本等财务信息。

二、政府会计标准体系

我国的政府会计标准体系由政府会计基本准则、具体准则及应用指南和政府会计制度等组成，如下表所示。

我国的政府会计标准体系

政府会计基本准则	政府会计基本准则用于规范政府会计目标、事业单位、政府会计信息质量要求、政府会计核算基础，以及政府会计要素定义、确认和计量原则、列报要求等原则事项。基本准则指导具体准则和制度的制定，并为政府会计实务问题提供处理原则。2015 年 10 月，财政部印发了《政府会计准则——基本准则》（以下简称《基本准则》）。
政府会计具体准则及应用指南	政府会计具体准则依据基本准则制定，用于规范政府发生的经济业务或事项的会计处理原则，详细规定经济业务或事项引起的会计要素变动的确认、计量和报告。应用指南是对具体准则的实际应用作出的操作性规定。2016 年以来，财政部相继出台了存货、投资、固定资产、无形资产、公共基础设施、政府储备物资、会计调整、负债、财务报表编制和列报等具体准则和固定资产准则应用指南等。
政府会计制度	政府会计制度依据基本准则制定，主要规定政府会计科目及账务处理、报表体系及编制说明等，与政府会计具体准则及应用指南相互协调、相互补充。2017 年财政部制定出台了《政府会计制度——行政事业单位会计科目和报表》（以下简称《政府会计制度》），2018 年制定发布了行政单位会计制度、事业单位会计制度和 9 个行业事业单位会计制度与《政府会计制度》的衔接规定以及高等学校、医院等 7 个特殊行业执行《政府会计制度》的补充规定，这些衔接规定和补充规定都是政府会计制度的有机组成部分。

此外，为了及时回应和解决政府会计准则制度执行中的问题，进一步补充和完善政府会计标准体系，财政部还适时出台政府会计准则制度解释，以确保准则制度有效实施，2019 年 7 月财政部印发了《政府会计准则制度解释第 1 号》。

根据《基本准则》，事业单位主要包括各级政府、各部门、各单位。各级政府指各级政府财政部门，具体负责财政总会计的核算。各部门、各单位是指与本级政府财政部门直接或者间接发生预算拨款关系的国家机关、军队、政党组织、社会团体、事业单位和其他单位。军队、已纳入企业财务管理体系的单位和执行《民间非营利组织会计制度》的社会团体，其会计核算不适用政府会计准则制度。故本书所研究的事业单位会计包含在政府会计之内。

三、我国事业单位会计工作目前取得的成果

随着我国事业单位会计的深化改革，事业单位会计在满足自身业务特殊性要求的同时，在财务处理上取得了一些突破性的进展。

（一）预算会计与财务会计适度分离、相互衔接

新出台的《基本准则》规定，事业单位会计仍然保持预算会计体系的主导地位，采用收付实现制，最终形成决算报告；同时确立了财务会计体系的重要地位，采用权责发生制，最终形成财务报告，从而使政府预算执行信息和财务信息得到全面的披露与监督。政府预算会计和财务会计"适度分离"，并不是要求事业单位分别建立预算会计和财务会计两套账，对同一笔经济业务或事项进行会计核算，而是要求政府预算会计要素和财务会计要素相互协调，决算报告和财务报告相互补充，共同反映事业单位的预算执行信息和财务信息。这就可以使政府的资产、负债状况等信息满足需求者的表达形式要求，以达到准确核算，加强财务管理的目的。这意味着事业单位会计主体提高了成本核算的意识，强化和降低了行政成本，提升了运行效率。此次的政府会计准则革新，在提升我国事业单位的会计工作水平的同时，也将进一步完善我国的事业单位治理体系，从而推进政府管理的现代化进程。

（二）引入了收入和费用两个会计要素

事业单位会计不再局限于传统的资产、负债和净资产 3 个会计要素，而是在采用权责发生制的基础上，引入收入和费用两个会计要素，重组了会计等式。此创新性思路，满足了事业单位财务会计与预算会计双重核算的功能需求，克服了现行预算会计制度中的收入和支出的缺陷，有助于事业单位编制综合财务报告，使得事业单位会计主体的运行成本等其他相关财务质量信息得到公允表达，以达到真实、有效地评价其提供公共服务质量的目的。

（三）固定资产的累计折旧要做到实际计提

固定资产一直是国有资产中的"大块头"，因此完善国有固定资产的管理具有非常重要的现实意义。政府会计准则关于固定资产的具体准则，明确规定了，事业单位在相关固定资产的后续计量中，要利用常规的折旧方法计提折旧。固定资产的后续计量由"虚提累计折旧"转变为"实提累计折旧"，使固定资产的账面价值为资产剔除相应损耗后的真实价值，从而科学地计量事业单位的运行成本，进行合理的绩效评价，完善了固定资产的管理，公允反映了国有资产的价值，有助于保证事业单位的会计信息质量。

（四）引入公允价值和现值等计量属性

原有会计制度考虑国有资产的特殊性，实行了名义金额计量资产的价值，但主要是以历史成本属性计量，这显然还不够涵盖国有资产的会计属性。于是，

新政府会计准则在保留历史成本计量属性主导地位的同时，又引入了公允价值和现值等计量属性，从而更为准确地记录事业单位资产负债状况。此次改革不仅考虑了国有财产会计实务的具体情况，也体现了事业单位会计改革的超前特性。

四、我国事业单位会计目前存在的问题

政府会计体系逐渐与企业会计体系趋同是我国事业单位会计的发展方向，尽管政府会计体系日趋完备但仍然存在一些瑕疵。具体情况如下：

（一）固定资产计提折旧时点不科学

2017年1月1日开始实施的《政府会计准则第3号——固定资产》对固定资产的计提时间规定不同于企业固定资产的计提时点规定。新准则规定固定资产应按月计提折旧，遵循"当月增加，当月计提；当月减少，当月不提"的方法；而企业会计准则中固定资产的折旧方法为"当月增加，当月不提；当月减少，次月不提"。目前，新实行的政府会计准则是建立在收付实现制与权责发生制双制并行的基础上的，而且财务会计体系采用的是权责发生制，那么政府会计实务在固定资产计提折旧的时点问题上，没有必要异于企业会计准则的固定资产折旧计提时点。

（二）会计信息质量要求没有补充谨慎性

《基本准则》中关于会计信息质量要求相比于企业会计的信息质量要求，并没有引入谨慎性。然而在《政府会计制度》中，可以了解到资产类会计科目新增设了"坏账准备"科目，合理估计坏账损失，从而客观呈现应收账款的账面价值，不虚增事业单位会计主体的资产。这正体现了会计信息质量要求的谨慎性原则，必须要充分预估可能发生的坏账损失和风险防止多计资产和收入，少计负债和费用。因此，谨慎性会计信息质量要求是规范会计核算的一项重要原则，应该纳入政府会计准则的会计信息质量要求，从而更有效地借助财务报表反映财务状况，进行合理可靠的经营决策。

（三）事业单位会计人员业务素质有待提高

多数事业单位已经实现会计现代化，会计人员通过各种财务软件与相关工具，提取相关的信息进行核算分析。但是多数财务质量信息分析属于对事后结果的分析与研究，难以对相应的管理事项进行事前分析与事中控制，缺乏时效性。而且，新的政府会计准则要求事业单位会计人员不仅要拥有扎实会计功底，

还要能进行极强专业性的职业判断，所以事业单位会计人员必须迅速提高其专业能力与业务素质水平。

由于长期忽视对新业务知识和业务法规的学习，致使会计人员的业务能力得不到提升。虽然会计人员每年都参加会计继续教育培训学习，以通过会计证的年检工作，但事实上这种为年检而组织的培训学习常会流于形式，从而导致会计人员的知识层次、执业能力参差不齐。

（四）会计基础工作不规范

在会计核算中往往忽视对基础工作的管理，填写会计凭证不规范，摘要填写过于简单，所附单据张数漏填、错填；会计科目使用随意性强，会计人员根据自己的理解和偏好使用会计科目；会计业务处理不严谨，有些收入款项不附业务部门的确认单；会计凭证审核不仔细，会计科目的使用错误未能及时发现；未达账项和往来款项的清理不及时，跨越时间长、资金余额大等。对这些会计基础工作的忽视，将会给日后的查阅账簿、汇总数据、分析说明工作带来不必要的麻烦。

（五）不重视预算管理

事业单位的预算管理应贯穿于预算编制和执行的全过程，预算管理工作的优劣对会计工作质量有着直接的影响，但是许多工作人员在意识与认识上受到传统观念的影响，认为预算管理仅仅是财务部门的工作，对预算既不了解也不关心。预算的编制不够科学，不能结合下年度的工作安排和重点工作的需要统筹安排，所编制的预算带有一定的随意性。预算编制内容不够完整，某些应该纳入预算管理的项目游离在预算之外。对预算执行的认识不够，认为预算不够用可以继续申请，预算有余额就可以随意花，预算超支可以写说明，缺乏严肃性。

（六）集中核算存在弊端和问题

为了加强对财务部门的监督和管理，一些事业单位建立了财政资金的管理体系，但是就我国目前的状况来看，绝大部分地区都是将事业单位纳入核算中心，进行整个地区的统一核算。集中核算的方法确实能够提高会计核算的速度；提高会计核算的监督机制；在一定程度上还能有效地控制资金的使用以及腐败行为的发生。但是这毕竟是一种新兴的制度，在实践中还存在很多不足和缺陷，这些缺陷主要表现在以下几个方面：一是核算中心和事业单位本身不在同一机构，在经济的监管中不能很好地控制资金使用的合法性和真实性。集中核算的实施，导致事业单位不负责做账，仅仅负责报账，但是负责做账的单位不属于事业单位本身，对事业单位情况不熟悉，核算中心的工作人员在做账的时候容易出现做账结果与事业单位真实的收支业务不相符的现象，对各事业单位的具体业务和基本支出状况不是很了解，导致实施的监管不能起作用，经济业务的真实性和合法性不能得到很好的保证。例如：核算中心的工作人员只能识别发票的真伪，并不能识别该经济业务是否真实发生，导致一些事业单位钻了空子。在核算时，过度重视发票是否规范，报销手续是否齐全，却不能对单位原始的经济业务票据反映的真实情况进行监督，导致了业务信息在源头上的失真状况，"跑""冒""滴""漏"的现象偶有发生。二是财务分离，单位的资产不能被有效地监管。财务分离的现象主要表现在固定资产和往来账目的管理上面。采用集中核算制度后，固定资产实物和固定资产管理脱节，事业单位不能独立的管理本单位的固定资产，忽视对固定资产的管理，只重视资金管理。固定资产不能够及时入账，管理不到位，随意性大，固定资产"账实不符"的现象比较严重。随着时间的推移，这种现象会越来越严重，最后形成了呆账、坏账，造成国有资产的大量流失，会计信息失真。

（七）低值易耗品管理存在的弊端

1. 低值易耗品管理制度需完善

因为低值易耗品自身物质价值比较低，所以不少事业单位及其内部工作人员都不重视低值易耗品管理工作，没有建立科学可行的低值易耗品管理制度，未曾规范低值易耗品使用机制，这样很容易导致工作人员在使用低值易耗品的过程中不注意维护，最终加剧了低值易耗品的损害和报废问题，进而增加了相关投入资金。

2. 低值易耗品采购管理力度不足

据调查了解，事业单位平均每年所采办低值易耗品所耗费的资金是一笔不小的数目，不少事业单位存在采购资金浪费问题，这是因为事业单位内部低值易耗品采购管理力度不足，在正式采办之前，未根据实际需求制定合理的采购计划，普遍存在重购和多购问题，进而导致大量暂时不会使用的低值易耗品堆放在库房内，因温度与湿度等因素的影响而发生变质，最终造成资源浪费。再者，不少采购人员在采办低值易耗品的过程中并未对低值易耗品进行分类，认为一千元以下的物品均属于低值易耗品，显然，这种认知存在偏差。

3. 台账管理缺乏科学性

目前，部分事业单位针对低值易耗品的台账管理工作尚且存在漏洞，没有及时建卡，对低值易耗品的账目管理极为混乱，部分低值易耗品的台账经过一次核销后就会删除信息，这样必然无法确保后期工作的衔接性。

（八）会计报表组成内容弊端

事业单位的会计报表和企业单位的会计报表有很大的差异，最明显的差异就是组成内容的差异，即事业单位会计报表在编制时，不强制要求编制现金流量表，在体系上与企业的会计报表不同。现金流量表可以表现出任何会计报表都无法替代的作用，可支用现金额能够很直接地反映出单位的管理者想要了解的单位的基本情况，编制现金流量表是十分重要的，但是事业单位会计在这方面的内容是缺乏的。

（九）内控制度不健全

对会计人员的工作职责、会计人员工作交接手续、账务处理程序、会计凭证的使用和保管等都没有明确的制度规范，有的规范只停留在形式上，没有得到有效地落实。

第三节　事业单位会计工作存在问题的对策

在传统的会计制度的执行过程中，我国虽然非常重视经济的发展，但是对于会计制度的实际施行还存在部分的漏洞。部分事业单位对于会计工作并不重视，导致应该施行的监督制度没有落实，所以事业单位对于自身的资产情况并不了解，对固定资产的核算存在严重的疏忽，导致单位的发展计划无法与自身的实际进行协调，对事业单位的发展造成了一定的影响。事业单位的会计部门需要对自身的资产进行认真的登记和核算，通过对资产情况进行分析，可以帮助事业单位优化自身发展，但是部分事业单位因为对相关制度并没有进行认真地贯彻，导致单位的资金流动情况模糊，财政投入资金出现严重的浪费，对于我国经济发展非常不利，而且事业单位自身的发展也会受到限制。

目前，我国的经济处在飞速发展的过程中，而且社会也随之发生了一定的改变，因此，部分事业单位开始进行了部分改革，通过对会计部门的工作进行完善，提高工作质量，对原本的会计制度进行优化。但是，由于原本的会计制度与时代的发展有一定的差距，导致事业单位的改革无法顺利进行，改革效果有限。因此，事业单位必须寻求更加适合发展的方向，而且需要遵守国家规定的各类制度，避免出现违法行为。

一、改进固定资产计提折旧时点问题

折旧计提时点的选择问题其实就是选择成本费用的核算是以固定资产期初数据为准还是以期末数据为准的问题。如果是以期初数据为准，那么成本费用的核算可以在期间内按照业务及程序的处理顺序进行，也就是说可以在任何一个时点核算成本费用，但如果是以期末数据为准，只能在期末按更新的增减变动完后的固定资产数据来计提当期折旧，计提完折旧后才能核算出成本费用的结果。如果遇到成本费用的核算在期中就必须得出结果的情况将如何处理？显然这样的做法会违背提供信息的及时性原则，也会进一步导致单位的运行成本无法及时获取。

《政府会计制度》在制定过程中，遵循的原则之一为务实简化原则，政府会计改革的思路为：在满足事业单位预算会计与财务会计两者并行特点的同时，应将实务操作删繁就简，力求做到贴近实务、方便操作、简便易行。所以，事业单位固定资产的计提时点无须异于企业会计准则中的固定资产计提时点，保持一致即可。

二、政府会计信息质量要求补充谨慎性

企业会计信息质量要求中的谨慎性要求企业对交易或者事项进行会计确认、计量和报告应当保持应有的谨慎不应高估资产或者收益、低估负债或者费用。在市场经济环境下，企业的生产经营活动面临着许多风险和不确定性，会计信息质量的谨慎性要求，需要企业在面临不确定性因素的情况下作出职业判断时，应当保持应有的谨慎，充分估计到各种风险和损失，既不高估资产或者收益，也不低估负债或者费用。例如，企业对售出商品可能发生的保修义务确认预计负债、对可能承担的环保责任确认预计负债等，就体现了会计信息质量的谨慎性要求。

政府财务报告若要客观公允地反映国家机关事业单位的资产负债状况以及收入费用的具体信息，必须将谨慎性纳入政府会计信息质量要求，这样才能达到财务报告反映实际的财务状况、经营决策行为更加稳健的目标。

三、引进高水平会计人才，提高会计人员的整体素质，增强会计人员的管理意识

政府会计准则的不断完善为事业单位会计体系的有效实施保驾护航，但如若会计人员的专业素养停滞不前，就好比事业单位会计的巨轮没有精明理智的

船长，很容易偏离航线，所以引进高水平会计人才是事业单位迫在眉睫的任务。

财政部门及各事业单位应采取多种多样的形式对会计人员进行培训和教育，一是开展短期、高效、具有针对性的岗位培训和业务学习，加强会计信息的沟通与传递，提高会计人员的专业水平；二是加强新会计法、会计准则等一系列相关配套法规学习，提高会计人员的法律意识；三是事业单位要增强会计人员的管理意识，从思想上扭转单纯记账、算账的观念，成为单位管理的积极参与者、管理监督者以及业绩评估的数据提供者。

面对越来越复杂的财务关系，事业单位的会计工作要与时俱进，会计人员要坚持对会计核算工作不断探索和研究，更新观念，不断创新，时效性地健全、完善会计核算工作的每一个环节，促使事业单位的会计工作向更科学、更合理的方向发展，为国民经济发展提供强劲的内部动力。

四、强化会计基础工作，提高会计核算质量

会计基础工作是会计工作的基本环节，也是经济管理工作的重要基础。包括建立会计人员岗位责任制、使用会计科目、填制会计凭证、登记会计账簿、编制会计报表、管理会计档案、办理会计交接等方面。

首先，加强对会计人员的职业道德教育，要求会计人员严格遵守职业道德，恪尽职守，客观公正，实事求是，促进会计行为规范化，提高会计职业道德水平。其次，引入绩效评估体系和风险考核制度。目前，我国的事业单位中，对会计的考核制度还不够完善，对考核的指标体系也缺乏长期的统筹规划，很多单位为了省事，在评估考核工作中，只注重形式，考核结果的优劣由单位领导主观决定，这种做法随意性、主观性较大。建立完善的绩效评估体系和风险考核制度是十分必要的，这对事业单位会计人员来说也是一种公平的、公正的竞争方式，这不仅能够提高会计工作效率，还能够提高会计人员工作的积极性，是促进事业单位又好又快发展的坚实基础。

五、加强事业单位会计体系的建设

我国事业单位会计体系的建设，必须根据《中华人民共和国会计法》（简称《会计法》）的相关规定，建立健全适合事业单位自身的会计管理制度，规范财务管理工作，并定期对事业单位的会计账目进行检查和监督，加强单位内部会计工作的监管，同时，还要注重法治建设，通过科学的、规范的详细规定来规范事业单位会计体系。

六、强化预算管理

强化预算管理，首先，要提高事业单位内部全体人员对预算管理的重视程度，从领导重视的层面上提高对预算管理的重视程度，会计人员要加强预算宣传的力度，转变其他工作人员认为预算管理只是财务部门的工作的观念，将预算管理的理念渗透到每一位职工，做到人人有责。其次，细化预算的编制过程，在编制预算前摸清家底，对可供使用的资源进行清理和计算，将自上而下和自下而上的编制方法进行有机结合，充分提高预算编制的准确性；事业单位应当将各项支出全部纳入单位预算，建立健全支出管理制度。最后，预算下达之后应严格按照批准的预算执行，合理确定实施预算的管理办法，将预算管理融入资金使用的各个环节，加强预算资金的全过程管理，杜绝预算管理中的随意性，强化预算执行的严肃性，加快推进预算执行管理的规范化和法制化进程。

七、加强事业单位低值易耗品管理

1. 健全低值易耗品管理制度

全面优化事业单位低值易耗品管理方案，首先要针对当前所存在的问题和单位实际需求，制定科学合理的管理制度，规范低值易耗品使用管理机制，细化低值易耗品管理工作内容。

2. 加强低值易耗品采购管理力度

节约低值易耗品采购成本，缩减相关开支，事业单位应着重加强低值易耗品采购管理力度，提高采购人员的节约意识，引导采购人员在采办低值易耗品之前制定合理的采购计划，全面调查市场价格信息，在采购期间尽量采办物美价廉的低值易耗品。

3. 完善台账管理模式

事业单位应重视促进低值易耗品台账管理工作与内部财务管理工作的有机融合，不断完善台账管理模式，将低值易耗品台账信息系统纳入单位财务管理系统之中，全面监控低值易耗品的账目信息，努力确保信息的准确性与完整性。

八、改进相关报表内容

将现金流量表加入事业单位会计报表固定项目中。根据事业单位的具体情况增设相关项目，如科研事业单位可以根据资金来源增设专项经费和非专项经费相应的报表项目，通过现金流管理可以更加全面地了解事业单位的运行情况和财务状况，为财务管理决策提供有效的依据和支持；完善投资活动现金流量的资金来源，在投资活动的现金流量中增设对应购建固定资产、无形资产等的资金来源项目"财政资本性项目拨款收到的现金"，使资金来源与支出对应，能更全面的分析基建项目的现金流量；单独反映单位层面可自主支配现金流量，对于科研事业单位产生的经营活动现金流量，提取的管理费或收取的其他项目经费，建议由日常活动产生的现金流量单列出来，从而更完整地反映单位层面可自由支配的现金流量。

九、加强内部控制、外部监督检查力度

传统的会计监督手段主要以查错防弊为主，现在的内部控制已将风险评估作为主要的控制手段，主要体现在事前控制，这样可以充分发挥会计人员的专业特长和监督职能，确保会计信息的真实、合法、完整，为领导把好第一道关，以保证会计监督的针对性更强。

在当前信息化时代的背景下，信息逐渐成为最重要的生产要素，无论什么类型的企业组织形式，都需要建立一套完善的会计信息系统，这样也符合会计核算内部风险控制的基本要求之一。事业单位会计信息系统的建立可以使会计核算更加规范化、精细化，有助于会计部门和其他部门间的协作。具体而言：首先，应该明确会计信息系统建设的意义。其次，加强技术层面建设，例如，信息技术、计算机技术等核心技术，结合网络技术，在获取会计信息的同时，实现会计信息有效传递和合理共享，为事业单位管理部门制定单位发展决策提供数据支持。

单位内部审计部门和政府审计部门要定期或不定期的监督检查事业单位的财务收支。事业单位要想搞好会计工作，需要审计部门的配合。首先，要加强事业单位内部审计部门和政府审计部门对预算单位的日常审计工作，包括对事业单位会计基础工作是否规范、会计核算工作程序是否符合要求，财务会计制度是否健全进行全面检查、监督和指导。其次，要将事业单位领导是否遵守国家财经法律、法规及预算执行情况同晋升离任经济责任审计结合起来，促进领导带头贯彻国家财经法律、法规。最后，事业单位应严格按照《会计法》的有关规定和现行财务制度要求，建立、健全财务信息披露制度，依法公开财务信息。

第四节 事业单位会计工作改革的必要性

经过长期的努力，我国逐渐地实现了由社会主义计划经济向市场经济的成功转型，使得社会各个单位所面临的财务风险都有所提升，事业单位也不例外，为了使事业单位更好的规避财务风险，就要对原有的会计工作进行改革与创新，从而使得事业单位所遵循的会计制度更加符合新形势下的发展要求，能够更好地促进事业单位财务管理工作，更加规范化且标准化。

一、从时代背景看事业单位会计工作改革的必要性

随着市场经济体制建设的逐渐完成，我国的事业单位面临着更多的风险，我国也正在事业单位进行一定分类及转型，目前事业单位类型主要可分为行政性事业单位、公益性事业单位及经营性事业单位。各种类型的事业单位都需要建立符合其发展特点的会计制度，因此对我国事业单位会计工作改革势在必行。

（一）新时期背景下事业单位会计目标的变化

当前所执行的事业单位会计目标更注重满足政府预算管理工作的具体需求，但是，也严重忽视了事业单位这一会计主体的独立性以及其所反映出的有价值的信息内容。在经济发展与环境变化的背景下，事业单位的会计信息使用人群也有所扩大，所提供的信息只是满足政府的预算管理需求已经远远不够。

首先，事业单位会计目标财政职能向综合管理方向转型。在实际转变的过程中，最关键的决策依据就是全面性的信息，其中主要有财政资金运动信息或者是相关非财务信息。针对事业单位所提供的公共服务，需要深入分析成本，并且开展绩效考核的工作，进而实现预算分配与运行效率的不断提升。同时，真实反映各种固定资产与存货情况，将财政支出进行归类划分，并且对固定资产进行计提折旧。为了能够实现综合管理转型，就应当将会计核算及报告体系作为重要支撑。而事业单位的会计能够提供公共产品，与行政单位相比，产品更有形，且具有一定的经济属性，为此，必须要有成本与经营情况的核算，更好地为政府决策机构提供服务。其次，事业单位会计所提供的信息难以满足内部管理要求。若事业单位不开展成本核算工作，那么最终的收支结余核算也不能够真实地反映出经营成果，甚至是成本核算及收入费用等核算业务都不完整，无法在财务报告体系当中反映相关信息内容，会计报表在设计方面也并不完善。

除此之外，事业单位对于自身内部管理及绩效考核缺乏相关资料与依据。而且，会计报表内容中缺少现金流量表，但是，单位内部管理工作中却有所需要。

（二）事业单位的改革要求

事业单位的改革要求事业单位会计工作也要进行相应的变革，才能更符合新形势下事业单位的快速发展。

从理论方面出发，经营性事业单位未来的发展方向会向着企业方向发展，那么其相应的会计核算方式及制度等就要参考企业的会计制度，进行明确的权责划分，对资金收支进行详细核算，从而提高资金的利用率。而行政性事业单位更应该遵循行政单位会计制度，实行收付实现制，从而有效地保证行政性事业单位的行政职能，对于公益性事业单位，如学校等，更宜采用事业单位会计制度。划分了不同类型的事业单位后，各事业单位在市场经济的带动下实现产权主体多样化，产权结构多元化，这时原有的会计制度已经完全不能满足新形势下的事业单位运行模式，因此只有对事业单位会计制度进行改革及创新，才能使其更好地为事业单位会计工作服务。

从产权会计理论的角度看，维护产权秩序的重要工具是会计制度。随着市场经济的发展，我国事业单位的产权关系正面临着由单一的公有制过渡到多种主体控制的混合制。当产权关系不断复杂化，我国事业单位的管理相应复杂，需要更合适的会计制度来支撑。我国经营、公益性事业单位要想走向繁荣，就必须建立一套先进的激励制度，这里包括与之相应的先进会计制度。这种制度主要表现为，能够为会计信息的使用者提供真实有效的财务数据，为其管理依据；能够对各类资金进行核算，吸收不同性质的资金流入事业单位活动领域，从而实现现代会计的"解脱责任"；应该具有完善的内控制度以便防范管理风险等。

（三）提高我国政府国际地位的需要

我国企业会计处理规范逐渐与国际会计准则同步，与国际接轨的同时，财政部也颁发了更适合新形势发展需要的《企业会计准则》，而现行部分事业单位会计体系仍拘泥于传统，技术和能力已经跟不上新形势。因此，我国政府会计制度与国际惯例存在较大的差异，这种不可比性的广泛存在，致使我国在国际会计师联合会的相关会议上，发言的权威性不强，沟通的机制不畅。中国是国际会计师联合会的成员国，为了提高政府会计制度的科学性，充分发挥我国政府在国际政府会计领域的作用，我们必须积极进行事业单位会计制度改革，以更先进的方法和理念获得国际上的广泛认可，从而在国际事务中获得更多的发言权，不断提高我国的国际地位。

二、事业单位应用权责发生制的必要性

（一）事业单位应用收付实现制面临的弊端

通过对事业单位收付实现制进行研究，可以得出事业单位应用收付实现制所面临的弊端如下：首先，对于事业单位来说，使用收付实现制，会在一定程度上使得会计信息缺少真实性。由于收付实现制以实际收入和支出为依据，因而不能很好地反映出该单位在本期内的收支结余和预算，不利于事业单位对于资金的实际掌控。其次，收付实现制在事业单位的应用相比与权责发生制在事业单位的应用，在信息性方面有很大的欠缺。由于收付实现制的自身特点，使得事业单位不能在本期内很好的了解收入和支出的信息，因而不利于单位的发展。再次，应用收付实现制，使得事业单位不能很好地了解自身的事业结余。对于任何一个单位来说，结余都是十分重要的。如果依据收付实现制，在结余方面就存在着收支平衡、先编制年度决策等多方面的问题。最后，事业单位应用收付实现制的弊端在于其不能准确地核算事业单位的成本，在实际的工作过程中，通过应用该制度，经常会存在着费用不合理、成本核算不准确的现象。

总而言之，收付实现制在事业单位中的应用，其弊端是多方面的，并且无论是哪一方面的弊端，都不利于事业单位决策者的决策，不能为决策者在财务方面提供所需要的信息，因此，在一定程度上不利于事业单位的发展和进步。

（二）事业单位应用权责发生制的优势

收付实现制在事业单位中应用的诸多弊端必然会导致收付实现制逐渐被事业单位的会计工作所摒弃，与此同时，权责发生制也会在不久的将来逐步取代收付实现制。

1. 提高管理效率

市场经济的发展使得事业单位与以往相比发生了许多重大的改变。现如今的事业单位与企业一样，也十分注重管理效率。收付实现制不能很好地反映本期内实际的成本，因而不利于单位的管理。而权责发生制却能够很清楚地展现出本期内的实际成本，能够更好地满足单位的管理需要。

2. 满足国家税收管理的需求

在国家的税收管理方面，事业单位通过应用权责发生制能够很好地反映出

单位未能实际缴纳但已纳税申报的具体原因，从而为单位会计与政府预算会计的有机协调提供保障。

3.满足防范债务风险的需求

权责发生制在事业单位的应用除了能够提高管理效率，满足国家税收管理的需求，同时还能够为事业单位的发展防范债务风险。这是因为权责发生制提供的财务信息更为全面、准确，从而能够满足单位防范债务风险的需求。

（三）满足会计信息使用者的实际需求

事业单位自身的会计信息使用规模在不断扩大，导致会计信息使用者的实际数量也在不断上涨。时代不断发展进步，这要求事业单位在实际开展会计制度变革工作的过程中，要积极运用信息化技术，提升会计信息管理工作的有效性。在此种背景下，事业单位开展会计制度变革工作，能够满足会计信息使用者的实际需求。

综上所述，对事业单位会计工作进行改革及创新，可以对事业单位的财务管理工作起到更好的规范作用，在改革中要注重吸取多方经验与教训，广泛听取意见，改革后的会计工作将更适合当下事业单位的发展，同时也符合我国现快速发展的经济形势。相较于一般企业而言，事业单位具备了较为特殊的社会公益效应。随着单位所涉及的经济活动的多样性发展，为了更好地适应市场经济以及社会大众日益增长的需要，单位内部会计制度必须适应环境的转变而开展相应的改革工作，进一步促进事业单位职能的充分发挥。因此，在现实工作中，事业单位要把握住会计工作改革的机遇与正面影响，切实结合国家财政制度及单位的发展现状、战略规划需要，打造更具科学、先进、完善的会计制度。

第五节 事业单位会计工作改革的措施

一、重新定义会计工作

我国事业单位的发展与会计工作密不可分，为了更好地面对日趋复杂的环境，让事业单位始终站在正常的运行轨道。事业单位应该结合自身的工作性质和发展状况，认真分析会计工作的市场前景，对会计工作进行全新定义，找好方式方法，加快会计工作的改革进程。

二、进一步完善我国事业单位会计制度

我国的社会主义市场经济体制在不断变化的经济形势中不断完善，作为这一经济形势下的参与者，为了能更好地适应这一经济形势，事业单位也应对自身作出相应的调整，以更好的状态服务社会。而为了实现这一目标，对于旧的已经不适用于经济形势的各项事业单位管理制度、法律、法规进行变革已是必然趋势。完善事业单位会计制度就是重要其中的一环。

为了能够更好地防范财务风险，事业单位要充分利用会计工作，达到既准确掌握事业单位实际的显性负债状况，又能进一步确定其隐性的负债信息的目的。事业单位还可以通过高效开展会计工作的方式，对负债方面存在的风险状况、风险数据信息进行全面评价。通过这样的方式，保证其信息的真实性与可靠性。在经济形势不断发展变化的背景下，事业单位结合实际发展需求，不断变革会计制度，要以多种不同类型的负债状况，制定更加完善的会计制度。同时，要积极引进并运用财政核算体系，不仅能够保证事业单位核算工作具有较强稳定性，同时也能提升会计人员自身谨慎性，进而能够科学合理的对财务风险以及经济损失等状况进行高效评估，从而为事业单位长远发展奠定基础。

对于适用于事业单位管理的企业管理方法和制度要引进，使事业单位的会计工作获得更好的成果，加强事业单位敏感的市场触觉，调整自身相关的会计核算制度和指标。目前我国事业单位标准缺少对"会计目标"的具体表述，应该从多角度分析，通过了解会计信息使用者的需求，确定好"会计目标"的研究方向，严格按照会计信息准则的相关规定，重新定位会计信息质量要求，使我国事业单位会计制度得到更好的完善和实践。

三、继续推动权责发生制在事业单位会计核算中的应用

目前事业单位会计核算中虽然引入了权责发生制，但是主要还是以收付实现制为主。收付实现制不能真实有效、及时完整地反映财务信息，同时收付实现制核算项目也过于简单，已不能适应目前复杂的事业单位经济发展的变革。

通过加快在事业单位的会计核算中推行权责发生制，也能更有效地完善预算管理制度，使事业单位的财政资源得到合理完善的配置，做到有的放矢，解决事业单位采购跨年支付的问题、进一步明确债权债务形成的时间，使期间各项运营费用得到真实反映，使财务预算能更有据可寻。权责发生制应用的推动不仅可以让事业单位的资金运行过程反映得更加全面，还能从根本上对事业单位的财务状况以及经营活动进行梳理和评价，使会计核算更加客观和谨慎。权

责发生制的应用有利于加强对事业单位资金行为中藏而不露的各种资产和负债的管理，从而使事业单位会计信息更加公开、透明，在这种权责更加明确的会计核算制度之下，责任转嫁以及盲目决策等行为能够得到有效制止，而事业单位资金决策的长期性和科学性也随之得以提高。

然而，即便财务管理行业内普遍认为权责发生制是会计核算的主流，但是在我国公共财政领域内，由于配套法制的不健全、不完善，以及从业财务管理人员的专业和综合素质水平不高，因此在很长一段时间内，我们应坚持收付实现制与权责发生制并行的"双轨"会计核算方式，然后不断地进行法制的建立、个人征信系统的完善，并不断在与发达国家政府会计制度进行交流学习的过程中，实现事业单位会计制度的逐步改革与过渡。比如，在政府债务领域引入权责发生制度，增设反映政府债务本金和利息费用的科目，以更加显性的方式体现隐形债务内容和政府具体应负担的保险金数额，并有效区分政府的资本性支出与经营性支出，从而对财务行为进行准确的计量与确认，以此提升政府财政决策的科学性。

四、扩大会计核算内容，改进财务报告，完善财务报表体系建设

目前我国的事业单位财务报告，大多是对预算执行情况的通告，其内容的片面性，已经影响了事业单位财务管理能力的提升，为此，进行事业单位会计制度改革，就要求我们必须扩大事业单位会计核算的内容，以更加准确、充实的财务报告，科学指导事业单位资金行为，并为社会公众提供有用的公共财务信息。在具体操作过程中，事业单位财务部门应该有意识地增加长期会计核算内容，如事业单位的长期负债、长期资产等等，并以更多附表、附注的形式提供更多财政预算与实际执行之间的对比信息和说明，从而正确评价事业单位绩效。又如，按照使用需求，将事业单位财务报告进行"金字塔"式的结构划分，以浓缩式财务报表、通用式财务报表、合并式财务报表以及单项财务报表等更加多样化的形式，提供更具有针对性的事业单位财务信息。

财务报表对于事业单位会计工作十分重要，财务报表可以体现事业单位的运营情况和经济状况，可以反映出事业单位的整体现状和未来走向。在实际工作中，财务报表是事业单位作出重大决策时的依据，传统的财务报表并不能将事业单位的当下状况很好体现，所以为了帮助会计制度改革的顺利完成，必须完善财务报表体系建设，不仅可以有效地帮助事业单位提高经济效益，还能在一定程度上规避财务风险，防患于未然。

五、加快财务软件升级速率

现阶段已经步入会计电算化的时代，事业单位在实际经营与发展过程中，积极运用财务软件开展相关工作，不仅能够简化实际工作步骤，同时也能全面提升管理质量。在会计制度不断变革与发展的背景下，事业单位为了能够满足会计管理各项工作需求，就需要从升级财务软件的方式入手，定期对财务软件、信息化管理系统进行升级和改造，进而全面提升各项工作的工作效率。软件单位在为事业单位设计财务软件过程中，要保证财务软件具有完善性和详细性，既要全面覆盖事业单位各项管理内容，同时还要与事业单位开展各项业务具有一致性，进而保证财务软件实际应用的有效性。此外，事业单位财务部门还要与财务软件供应商之间做好对接工作，无论是在前期财务软件设计阶段，还是在后期财务软件完善阶段，都要积极沟通，及时发现财务软件实际应用不足，进而制定更加具有针对性的财务软件完善方案，保证事业单位高效完成会计工作改革。

六、构建完善的财务会计机构

为了有效发挥事业单位会计制度的管控作用，需要构建完善的财务会计机构。以国家的基本法律法规为前提，发扬事业单位的特点，约束相关的工作人员，规范工作流程，加强各部门之间的沟通交流。不要将不相容的岗位安排在一起，加强各部门之间的相互监督，奖惩结合，科学设置岗位，合理分配任务，使各项工作有序开展。

七、建设会计工作新概念

在会计工作过程中，相关工作人员的整体能力至关重要，所以要对每个部门定期进行专业培训，不断地接收新信息，不断地熟练业务操作，坚持以人为中心谋发展。体制要不断的改革和创新，跟紧新时代的发展步伐，掌握事业单位会计工作改革大方向。

第二章 事业单位财务管理概述

财务管理是在一定的整体目标下，关于资产的购置、资本的融通和经营中现金流量，以及利润分配的管理。财务管理是企业管理的一个组成部分，它是根据财经法规制度，按照财务管理的原则，组织企业财务活动、处理财务关系的一项经济管理工作。简单地说，财务管理是组织企业财务活动、处理财务关系的一项经济管理工作。事业单位财务管理也是如此。本章分为财务管理的内涵及主要内容、事业单位财务管理、事业单位财务管理的重要性及作用、事业单位财务管理存在的问题及对策、事业单位财务管理的相关法规及主要任务五部分。主要内容包括财务管理的内涵、财务管理的主要内容、事业单位财务管理的内容、事业单位财务管理的特点、事业单位财务管理现状、事业单位财务管理的重要性等。

第一节 财务管理的内涵及主要内容

一、财务管理的内涵

财务管理是对企业财务活动进行的管理，是一项综合性很强的管理工作，它与企业各方面具有广泛联系，能迅速反映企业的生产经营状况。

企业财务活动首先表现为企业再生产过程中的资金运动，它是一种客观存在的经济现象，其存在的客观基础是，在商品经济条件下，商品是使用价值和价值的统一体，具有两重性。与此相联系，企业的再生产过程也具有两重性：一方面它表现为使用价值的生产和交换过程，即劳动者利用劳动手段作用于劳动对象，生产出产品并进行交换；另一方面则表现为价值的形成和实现过程，即将生产过程中已消耗的生产资料价值和劳动者支出的必要劳动价值转移到产品价值中，创造出新价值，并通过销售活动，最终实现产品的价值。使用价值的生产和交换过程是有形的，是商品的实物运动过程；而价值的形成和实现过程则是无形的，是商品的价值运动过程。这种价值运动过程用货币形式表现出来就是企业再生产过程中的资金运动。至于资金，则是企业再生产过程中商品的货币表现。

在社会主义市场经济条件下，企业的生产经营同样既要以使用价值形式实现，又要以价值形式实现。企业进行生产经营活动，必须具有人力、物力、货币资金、信息等各生产经营要素。随着生产经营活动的进行，这些要素必然发生运动，从而形成企业的资金运动。此外，现代企业往往要独立进行金融市场业务，如买卖有价证券，在这一财务管理过程中也必然发生资金运动。这些资金运动构成了企业生产经营活动的一个特定方面，即企业财务活动。企业在进行各项财务活动时，必然要与各方面发生财务关系。财务管理就是组织企业财务活动、处理企业与各方面财务关系的一项经济管理工作，是企业管理的重要组成部分。

二、财务管理的主要内容

（一）企业财务活动

企业资金运动总是与一定的财务活动相联系，企业资金运动的形式是通过一定的财务活动内容来实现的。企业财务活动包括筹资、投资、资金营运和分配等一系列行为，是以现金收支为主的企业资金收支活动的总称。

1. 筹资活动

筹资活动是指筹集资金的活动，是企业为满足生产经营的需要，从一定渠道，采用一定方式筹集所需资金的行为。筹集资金是企业进行生产经营活动的前提，也是资金运动的起点。在市场经济条件下，经济资源首先表现为与生产经营模式和技术结构相适应的定量资本。因此，在企业创办之初，投资者应当按照有关法律的规定投入定量的资本。企业投入运营后，还将根据生产经营需要进一步筹集必要的资金。

总体来说，企业可以从三个方面筹集并形成三种性质的资金，这三种筹集的资金可以分为所有者投入的资金和借入资金两类，前者通常称为所有者权益，后者通常称为负债。所有者权益主要包括两项：一是实收资本，指企业所有者按照法律规定在创办时投入的资本或在创办后增加的资本，在股份制企业称为股本；二是留存收益，指企业按照法律规定或企业内部分配政策，为了补充生产经营资金、职工集体福利设施、后备或以后年度分配等，将税后利润留在企业的部分。另外，因股本溢价等形成的资金，也是企业所有者权益的一项内容。负债主要包括向银行借款、发行债券、商业信用等。企业筹集的资金，可以是货币资金，也可以是实物资产或无形资产。在筹资活动中，企业一方面需要根据企业战略发展的需要和投资规划确定不同时期的筹资规模；另一方面要通过不同筹资渠道和筹资方式的选择，确定合理的筹资结构，降低筹资成本和风险，以保持和提升企业价值。这种因为资金筹集而产生的资金收支便是由企业筹资而引起的财务活动。

2. 投资活动

投资活动是指以收回本金并取得收益为目的而发生的现金流出活动，是资金运动的中心环节，是企业根据项目资金需要，将所筹资金投放到所需要的项目中的行为，是实现投资者财产增值的手段。投资有广义和狭义之分。广义的投资是指企业将筹集的资金投入使用的过程，包括企业内部使用资金的过程以及企业对外投放资金的过程。就前者而言，企业通过各种途径取得资金以后，将按照生产经营的实际需要投放资金。其主要用途包括：一是用于购建房屋、建筑物、机器设备等固定资产；二是用于开发或外购专利、土地使用权等无形资产；三是进行流动资产的购买和制造，形成流动资产的占用或投资。狭义的投资是指企业以现金、实物或无形资产采取一定的方式对外或对其他单位投资，如设立子公司或联营公司、购买股票等。进行资金投放时会产生资金的支出，企业获取投资收益、收回投资时会产生资金的收入。这种因企业投资而产生的资金收支，便是投资而引起的财务活动。

在投资过程中，企业一方面必须确定投资规模，以保证获得最佳的投资效益；另一方面通过投资方向和投资方式的选择，确定合理的投资结构，使投资的收益较高而投资风险较低。

3. 资金营运活动

资金营运活动是指企业在正常经营过程中，发生的一系列的资金收支行为。企业要购买材料物资以便从事生产和销售活动，同时还要支付工资和其他费用。在这个过程中，企业的资金形态也由货币资金转变为在产品资金或产成品资金。这是一个资金积累的过程。在这个过程中，企业一方面为自己创造了价值，另一方面为社会创造了价值。当企业销售产品时，可取得收入，收回资金。这不仅补偿了产品成本，同时获得了企业利润。在此过程中，企业产品资金转化为债权资金，最终转化为货币资金。如果企业现有资金不能满足企业经营的需要，

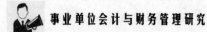

还要采取短期融资方式来筹集资金。这种由于企业经营引起的资金收支就是企业经营引起的财务活动。

在资金营运活动中，企业一方面必须扩大销售，增加收入；另一方面必须降低成本，减少支出，加速资金周转，不断提高资金使用效益。

4. 资金分配活动

企业通过生产和销售活动，取得销售收入，同时也发生了各种消耗，将收入减去成本费用并缴纳了企业所得税后，就是利润（或是亏损），企业需要对税后利润进行合理的分配。

资金分配活动就是指企业获取利润和利润分配的活动。企业在生产经营过程中取得的利润，在缴纳所得税以后，要按照法律规定以及企业收益分配政策进行分配。企业利润通常按以下顺序进行分配：一是依法纳税；二是弥补企业以前年度亏损；三是提取盈余公积；四是向投资者分配利润。这种由于利润分配产生的资金收支便属于由利润分配而引起的财务活动。

财务活动中的资金分配，体现了企业对相应经济责任的履行情况，因此，企业必须在国家分配政策的指导下，根据国家法律所确定的分配原则，合理确定分配规模和分配方式，以使企业获得最大的长期利益。

（二）企业财务关系

企业财务关系是指企业在组织财务活动过程中与各有关方面发生的经济关系，企业的筹资活动、投资活动、资金营运和分配活动与企业各有关方面有着广泛的联系。主要包括以下几个方面。

1. 企业与投资者之间的财务关系

企业投资者向企业投入主权资本，从而形成了履行投资义务、承担终极风险、享受投资收益分配的财务关系。企业投资者按照出资比例、章程或合同规定履行出资义务，向企业投入资金，形成企业的所有者权益。企业在实现利润后，应向投资者分配利润。

在这项财务关系中，履行投资义务是基础，只有完整地履行投资义务，才有资格享有收益的分配权。由于企业投资者的出资形式不同（如普通股与优先股的区别等），因而不同投资者所享有的权利和承担的风险也不同，由此形成的经济关系也不完全一致。这种关系体现了所有权性质的投资与受资的关系。

2. 企业与债权人、债务人之间的财务关系

企业的债权人是借入资金的提供者，企业的债务人是企业资金的占有者。

企业之所以形成与债权人、债务人之间的关系，一方面是企业与其他单位在购销商品、提供劳务中形成资金结算关系，另一方面是企业在金融市场筹资或投资形成资金借贷关系。企业的债权人作为资金的提供者（如货款银行、赊销的供货商等），有权要求企业到期还本付息或偿还货款；企业的债务人作为资金的占有者（临时借款人、赊账的客户等），也必须承担相应的义务。企业与债权人、债务人之间的资金结算和资金借贷关系，是资金运动中在所难免的，也是可以利用的，企业应当依法主张自己的权利并认真履行义务。企业与债权人、债务人之间的财务关系在性质上属于债务与债权关系。

3. 企业与受资者之间的财务关系

受资者是接受企业投资的经济实体，当企业以直接投资或者购买股票的间接投资方式成为被投资企业的股东时，企业就随之享有相应的权利并承担相应的风险。因此，其体现的财务关系是股东与受资企业之间的权利义务关系。由于存在企业投资在受资企业的主权资本中是否占有控制权的差异，企业投资的经营管理权的地位也不能一概而论。一般情况下，少数股东难以直接介入被投资企业的管理层。企业按出资比例或合同、章程的规定，参与被投资企业的利润分配和经营管理。企业与受资者之间的财务关系也体现了所有权性质的投资与受资的关系。

4. 企业与内部各级单位之间的财务关系

在一个独立的企业组织内，内部各级单位表现为不同层次的基本生产经营部门，这些部门相互间既有分工，又有合作。企业与内部各级单位之间的财务关系表现为企业内部形成的资金结算关系，企业内部各单位之间在生产经营各环节中相互提供产品或劳务形成经济关系。这种在企业内部形成的资金结算关系的实质就是企业内部各单位之间的利益关系。

5. 企业与职工之间的财务关系

职工是企业的劳动者。企业与职工之间的财务关系主要是指企业根据职工的劳动数量、质量和业绩，支付工资、津贴、奖金，以及根据国家有关政策规定应负责缴纳的职工养老保险、医疗保险和住房公积金等产生的资金结算关系。这种企业与职工之间的财务关系，体现了职工和企业在劳动成果上的分配关系。

针对职工这个庞大的群体，企业需要建立相应的规章制度和考核办法，依据不同职工所提供的劳动数量、质量和业绩，按期足额支付工资、奖金、津贴，依法缴纳各项社会保险。

由于工资需要按月支付，数额较大，时间性强，企业应当特别重视这项工作，以稳定职工队伍，激励职工当家做主的积极性，为企业创造更好的业绩。

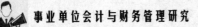

6.企业与政府管理部门之间的财务关系

政府是维护社会正常秩序、保卫国家安全、行使政府宏观管理职能的社会管理者。企业与政府管理部门之间的财务关系主要是指企业按照税法及有关行政管理规定应向税务部门、管理部门缴纳有关税费的义务，是强制性的经济利益关系，体现在相关的法律中。企业必须向税务机关和其他部门依法纳税并缴纳法定费用。企业与政府管理部门之间的关系反映的是依法纳税和依法征税的权利义务关系。

上述财务关系广泛存在于企业财务活动中，体现了企业财务活动的实质，从而构成了企业财务管理的另一重要内容，即通过正确处理和协调企业与各有关方面的财务关系，努力实现企业财务管理的目标。

第二节　事业单位财务管理

事业单位财务管理是指事业单位在执行事业计划、开展业务活动过程中，有关经费的筹集、运用、报销、管理和监督等事项。

一、事业单位财务管理的内容

（一）预算管理

预算管理是财政部门同事业单位的主管部门之间、事业单位的主管部门同所属的事业部门之间关于财政资金的分配使用，领拨缴销的方法、形式，以及责任、权力与利益划分的基本组织制度。

事业单位预算管理，包括全额预算管理、差额预算管理和自收自支管理。

1.全额预算管理

全额预算管理，即没有稳定的经常性业务收入或收入较少的［一般占单位经常性支出的百分之三十（不含）以下］，各项支出全部或主要由国家预算拨款供应的单位，实行全额预算管理。

对全额预算管理事业单位实行多种形式的预算包干、结余留用、超支不补的预算管理办法。主要形式有：经费和任务挂钩，一年一定；核定基数，比例递增（减）；包死基数，一定几年等。各事业单位可结合本单位实际情况，报经主管部门或财政部门批准，执行其中某种管理形式。如支出经费全部包干，结余留用，超支不补。即国家财政根据财力可能，按照事业单位的基数和定额，核定事业单位年度预算，由事业单位包干使用，在预算执行中，除特殊原因外，不予调整预算，年终结余留用，超支不补。又如支出经费部分包干，包干部分结余留用。即国家财政把事业单位支出中的某些项目费用核定定额包干使用，在保证完成包干项目计划和任务的前提下，包干项目的费用结余留给事业单位按规定支配使用。其余未包干项目按核定定额安排使用。

对有条件逐步向差额预算管理过渡的全额预算管理事业单位，其主管部门和财政部门应促其向差额预算管理过渡。即凡是有一定收入的全额预算管理事业单位，财政部门应会同其主管部门对其收入规定一定的比例或数额，抵顶事业费预算拨款。

2. 差额预算管理

差额预算管理，指有一定数量的稳定的经常性业务收入，但还不足以解决本单位的经常性支出，需要财政补助的事业单位，则实行差额预算管理。

对差额预算管理事业单位实行核定收支、定额（或定项、差额）补助、增收节支留用、减收超支不补的办法。

一是定额补助，结余留用。即国家财政对于支大于收的预算单位，根据其收入和支出的情况，选择一个特定的业务计量单位（如医院的病床数），核定基数，确定补助定额，计算同年度差额补助数，由国家预算拨款定额补助，由单位安排使用，自求平衡，结余留用。

二是定项补助，结余留用。即财政部门对事业单位的全部收支进行管理，根据收支情况，确定一个或几个支出项目，按照基数和定额，核定单位年度预算补助数额，其余项目的支出，由单位业务收入抵支，结余留用，超支不补。

三是差额补助，结余留用。即国家财政核定事业单位收支预算，单位收入抵补其支出后的差额，由财政拨款补助，年终结余由单位自行安排使用。

对有条件逐步向自收自支管理过渡的差额预算管理事业单位，应逐步减少事业费补助，在其主管部门会同财政部门规定的年限内达到经济自主，实行自收自支管理。

3. 自收自支管理

自收自支管理，即有稳定的经常性收入，可以解决本单位的经常性支出，但尚未具备企业管理条件的事业单位，实行自收自支管理。

①对自收自支管理事业单位实行核定收支、增收节支留用、减收超支不补的办法。

②收入大于支出较多的事业单位，在核定其收支数时规定其收入的一部分

上缴财政，或上缴主管部门。上交主管部门的部分可抵顶财政对该部门的事业费拨款，具体核定比例或数额由财政部门会同其主管部门确定。

③实行自收自支管理的事业单位，其单位的事业性质不变，职工的工资、福利待遇等均执行国家对事业单位的有关规定。

④实行自收自支管理的事业单位仍属预算内事业单位，按照国家规定编报年度财务收支计划和决算，接受财政、审计等监督。

⑤对有条件向企业管理过渡的自收自支管理事业单位，其主管部门和财政部门应规定期限，促其实行企业管理。实行企业管理后，执行国家对企业的有关规定。

（二）收入管理

收入是指事业单位为开展业务及其活动依法通过各种形式、各个渠道获得的非偿还性资金，是导致净资产增加的、含有服务潜力或者经济利益的经济资源的流入。事业单位收入按来源可以分为财政补助收入、事业收入、经营收入、上级补助收入、附属单位上缴收入和其他收入等。事业单位的收入一般应当在收到款项时予以确认，并按照实际收到的金额进行计量。采用权责发生制确认的收入，应当在提供服务或发出存货，同时收讫价款或者取得索取价款的凭据时予以确认，并按照实际收到的金额或者有关凭据注明的金额进行计量。

财政补助收入是指事业单位从同级财政部门取得的各类财政拨款，包括基本支出补助和项目支出补助。它来源于政府财政预算，是政府对发展各项事业的投入，也是事业单位开展业务活动的经常性资金来源。

事业收入是指事业单位开展专业业务活动及其辅助活动所取得的收入。专业业务活动又被称为主营业务，它是事业单位按照本单位专业特点所从事或者开展的主要业务活动。如教育事业单位的教学活动、科学事业单位的科研活动、文化事业单位的演出活动、卫生事业单位的医疗保健活动等；辅助活动是指与专业业务活动相关的，直接为专业业务活动服务的单位行政管理、后勤服务活动及其他有关活动。通过开展上述活动取得的收入，均作为事业收入核算。其中，按照国家有关规定应当上缴国库或者财政专户的资金，不计入事业收入；从财政专户核拨给事业单位的资金和经核准不上缴国库或者财政专户的资金，计入事业收入。

经营收入是指事业单位在专业业务活动及其辅助活动之外开展非独立核算经营活动取得的收入。事业单位的经营收入通常同时具备两个特征：一是开展经营活动取得的收入；二是从开展非独立核算的经营活动中取得的收入。独立核算是指事业单位对其经济活动或预算执行过程及其结果，独立地、完整地进行会计核算；非独立核算是指事业单位从上级单位领取一定数额的物资、款项从事业务活动，不独立计算盈亏，把日常发生的经济业务资料，报给上级集中进行会计核算。事业单位的经营收入包括商品销售收入、提供劳务收入和让渡资产使用权收入。

上级补助收入是指事业单位从主管部门和上级单位取得的非财政补助收入。为促进各类事业单位的发展或者弥补事业单位的经费不足，事业单位的主管部门或者上级单位用自身组织的收入或者集中下级单位的收入以一定的方式对事业单位予以拨款补助，这部分资金形成了事业单位的上级补助收入。财政部门通过主管部门和上级单位转拨的事业经费列入财政补助收入，不属于事业单位的上级补助收入。

附属单位上缴收入是指事业单位附属独立核算单位按照有关规定上缴的收入，包括附属单位上缴的收入和利润等。附属独立核算的单位，一般是指有独立法人资格的单位包括附属的事业单位和附属的企业（公司）。事业单位取得的该项收入，是凭借特定的经济关系获得的，一旦取得，就为事业单位所拥有，即可确认为收入。

其他收入是指财政补助收入、事业收入、上级补助收入、附属单位上缴收入和经营收入以外的各项收入，包括投资收益、利息收入和捐赠收入等。其他收入是事业单位在运营过程中发生的一些零星杂项收入，也是事业单位业务成果的组成部分，应当纳入事业单位收入统一进行核算和管理。

与传统的经费收入相比，事业单位收入是"大口径"收入，不仅包括与经费收入对应的财政补助收入，而且还包括非财政补助收入的其他各项收入，反映了事业单位获取非偿还性资金的能力。

与企业的收入相比，事业单位收入范围更为广泛。企业必须将所有者投入的资金（包括初始投入和后续投入）与这些资金运动产生的资金流入区分，以便正确计算资金的收益情况，因此所有者投入资金的增加直接增加所有者权益，不能作为企业收入；事业单位资金供应者不要求资金上的回报，因此没有必要区分投入资金与资金运动产生的资金流入。资金供给者无偿供给的资金、社会捐赠的资金，以及事业单位运用资金产生的事业收入和经营收入都是事业单位的收入。

（三）支出管理

支出是指事业单位开展业务及其他活动发生的各项资金耗费和损失。事业单位支出包括事业支出、对附属单位补助支出、上缴上级支出、经营支出和其他支出等。事业单位开展非独立核算经营活动的，应当正确归集开展经营活动发生的各项费用；无法直接归集的，应当按照规定的标准或比例合理分摊。事业单位的经营支出与经营收入应当配比。事业单位的支出一般应当在实际支付时予以确认，并按照实际支付的金额进行计量。采用权责发生制确认的支出或者费用，应当在其发生时予以确认，并按照实际发生额进行计量。

事业支出是指事业单位开展专业业务活动及其辅助活动所发生的基本支出和项目支出，具有经常性、数额大的特点，是事业单位支出的主要内容，反映了事业单位在履行其职能、提供公共服务过程中发生的必要耗费，是考核事业成果和资金使用效率的重要依据。事业单位应当依据收入情况，制定事业支出预算计划，并按照财政部门批复的当年预算合理安排和控制事业支出。

对附属单位补助支出是指事业单位用财政补助收入之外的收入对附属单位补助发生的支出。事业单位的对附属单位补助支出与下级单位的上级补助收入是相对应的。对附属单位补助支出属于事业单位的非财政非专项资金支出，不能用财政补助资金拨付给附属单位作为对附属单位的补助资金，一般是事业单位从事业务活动所取得的自有资金，或者附属单位的上缴收入。对附属单位补助支出一般需要纳入事业单位的基本支出预算

上缴上级支出是指事业单位按照财政部门和主管部门的规定上缴上级单位的支出。

经营支出是指事业单位在专业业务活动及其辅助活动之外开展非独立核算经营活动发生的支出。其中所指的"非独立核算经营活动"是指事业单位内部的、不具有独立法人资格、没有完整会计工作组织体系的部门或单位，如发生生产、销售产品，出租、出借设备和房屋场地，向社会提供餐饮和住宿、交通运输等劳务都属于经营活动，在这个过程中所发生的资金耗费和损失属于经营支出。

其他支出是指事业单位除事业支出、上缴上级支出、对附属单位补助支出、经营支出以外的各项支出，包括利息支出、捐赠支出、现金盘亏损失、资产处置损失、接受捐赠（调入）非流动资产发生的税费支出等。其他支出与事业单位各项业务活动无直接关系，但对这些支出进行单独核算的意义在于正确反映事业单位各项支出的水平，实现收支的相互配比，以评价事业单位的管理业绩。

事业单位的支出，既要保证开展业务活动的需要，又要遵守财政制度规定，减少经费。在国家财力紧张的情况下，压缩各项事业单位支出，对于减少财政压力更有实际意义。

有财政补助收入的事业单位，其财政补助资金必须按拟订的用途使用，不

得自行改变资金用途；事业单位的事业收入用途使用，不得自行改变资金用途；事业单位的事业支出应当根据财政补助收入、上级补助收入、事业收入和其他收入等的情况统筹安排，上述收入原则上不得用于经营支出；有经营活动的事业单位应正确划分事业支出和经营支出的项目，不得将应列入事业支出的项目列入经营支出；注意不断优化事业支出中人员经费与公用经费的比例，严格编制管理，减少超编人员；严格执行国家有关工资、津贴、补贴和职工福利待遇方面的规定，以控制人员经费支出，相对增加公用经费的支出；事业支出必须按国家规定的标准开支。

（四）资产管理

资产是指事业单位过去的经济业务或者事项形成的，由事业单位控制的，预期能够产生服务潜力或者带来经济利益流入的经济资源。服务潜力是指事业单位利用资产提供公共产品和服务以履行政府职能的潜在能力。经济利益流入表现为现金及现金等价物的流入，或者现金及现金等价物流出的减少。

事业单位的资产按照流动性，分为流动资产和非流动资产。

流动资产是指预计在1年内（含1年）耗用或者可以变现的资产，包括货币资金、短期投资、应收及预付款项、存货等。

非流动资产是指流动资产以外的资产，包括固定资产、在建工程、无形资产、长期投资、公共基础设施、政府储备资产、文物文化资产、保障性住房和自然资源资产等。

（五）负债管理

负债是指事业单位过去的经济业务或者事项形成的，预期会导致经济资源流出事业单位的现时义务。现时义务是指事业单位在现行条件下已承担的义务。未来发生的经济业务或者事项形成的义务不属于现时义务，不应当确认为负债。事业单位的负债分为偿还时间与金额基本确定的负债和由或有事项形成的预计负债。偿还时间与金额基本确定的负债按业务性质及风险程度，分为融资活动形成的举借债务及其应付利息、运营活动形成的应付及预收款项和暂收性负债。

举借债务包括发行的债券，向外国政府、国际经济组织等借入的款项以及向上级单位借入转贷资金形成的借入转贷款。应付及预收款项包括应付职工薪酬、应付账款、预收款项、应交税费、应付国库集中支付结余和其他应付未付款项。暂收性负债是指事业单位暂时收取，随后应作上缴、退回、转拨等处理的款项，主要包括应缴财政款和其他暂收款项。通常事业单位的或有事项主要

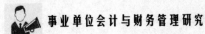

有：未决诉讼或未决仲裁、对外国政府或国际经济组织的贷款担保、承诺（补贴、代偿）、自然灾害或公共事件的救助等。

（六）专用基金管理

专用基金是指事业单位按照规定提取或者设置的专门用途的资金，分为职工福利基金、修购基金、医疗基金、其他专用基金等。

职工福利基金，即按照结余的一定比例提取以及按照其他规定提取，用于单位职工的集体福利设施、集体福利待遇等的资金。

修购基金，即按照事业收入和经营收入的一定比例提取，在修缮费和设备购置费中列支（各列 50%），以及按照其他规定转入，用于事业单位固定资产维修和购置的资金。

医疗基金，即未纳入公费医疗经费开支范围的事业单位，按照当地财政部门规定的公费医疗经费开支标准从收入中提取，并参照公费医疗制度有关规定用于职工公费医疗开支的资金。

其他基金，即按照其他有关规定提取或者设置的专用资金。

二、事业单位财务管理的特点

在整个社会再生产中，事业单位属于非生产性部门，它进行各项活动所需的物质条件，主要是依靠国家财政提供。各项事业单位财务活动，大部分反映了财政领域的分配关系，属于财政范畴。同时，要处理好各种经济关系，事业单位又必须严格执行国家方针、政策，遵守财政制度和财经纪律。因此，事业单位财务管理虽属部门或单位的财务，但又是整个社会主义财政体系中一个重要的组成部分。它的特点，主要表现在以下几个方面。

（一）政策性强

事业单位的各项活动，与社会主义现代化建设和广大人民群众的物质文化生活有着密切的关系，要体现国家的财政方针政策，反映各项事业活动的范围和方向。它的一收一支，都直接关系到事业计划的实现，直接关系到国家的政治、文化建设和人民群众的切身利益。从收入方面看，哪些该收、收多少、怎样收，哪些不该收，哪些减收，都有很强的政策性。如国家目前实施九年义务教育，对初中、小学的学费实行免收，其他杂项费用也尽量少收，对经济困难的学生还应做好减免工作；而高中阶段则应本着合理负担的原则，可以适当收取学费。对属于人民日常生活密切相关的服务性收费以及支援农业的收费等，也应从低制定收费标准。从支出方面看，哪些该支、支多少、怎样支，哪些不该支，也有很强的政策性。支出管理中，必须按照规定的开支标准、开支范围办理支出，而决不容许政出多门，自立标准。在考虑支出方向时，应根据国家的大政方针，明确体现提倡什么、限制什么、支持什么、反对什么。如果不遵照统一规定、准则规范，自行其是，那就会造成财务收支上的混乱，无法在全国范围内统一贯彻落实国家的有关方针政策，甚至破坏安定团结的政治局面。因此，必须认识到事业单位财务管理政策性强的特点，认真办理一收一支，严格执行财政、财务制度。

（二）涉及面广

事业单位遍布全国城乡，事业活动涉及各行各业、千家万户，可以说它们是为整个国民经济和广大人民群众服务的。如事业支出中，有用于工业、交通、商业部门事业的，以及农业、林业、水利、气象等部门事业的，这些都是在直接或间接地为生产部门发展经济服务。至于文化教育、卫生体育、广播电视、计划生育、社会救济等事业，更是机构遍布城乡村镇，直接为人民提供生产、生活服务。它们的工作，直接关系到群众的生老病死和衣食住行。因此，事业单位财务管理必须适应这个特点，把工作做深做细，保证事业任务在全国城乡的每一个角落都得到落实。

（三）类型复杂

事业单位既有生产性的事业单位，又有为生产建设和人民生活服务的非生产性的事业单位、社会福利事业单位。既有全民所有制，又有集体所有制。由于所有制的不同，对它们的财务管理的要求也就不一样，预算编制、资金安排使用、财务成果的分配也都不相同。从资金来源分，有国家财政拨款，有自身业务收入，企业化管理的事业单位可向银行借入信贷资金，有些事业单位还可以取得社会募捐收入。不同类型的事业单位，财务活动的内容和范围不同，收支状况和经费自给能力各异，有的单位有收有支，有的单位收大于支，有的单位支大于收。收支状况的不同，财务管理的要求和方法也不一样。因此，事业单位财务管理，必须根据事业单位类型，因单位制宜，运用不同的科学方法，进行管理，不能搞"一刀切"。

（四）经费拨款的无偿性

事业单位的经费来源，从总体上说，主要还是来自国家财政拨款。由于财政分配的无偿性，决定事业单位经费使用的无偿性。事业单位，一般都是非生产性单位，所需经费大多不能自给，为了完成任务，实现事业计划，都需要财政无偿地拨给一定数量的经费。但是作为事业单位本身，决不能因为是无偿地拨给经费，而大手大脚，铺张浪费，应该本着节约的原则，尽量提高经费使用效益。

（五）财务项目不存在所有者权益

事业单位一般代表的是政府，性质上属于国有，因此，部分资金来源于财政的支持，财务上不存在所有权和控股问题，也没有企业会计意义上的所有者权益。由于此种性质，事业单位在财务上可能存在资金困难，但是没有转让、破产清算等问题。国家财政拨款时，资金的使用有明确的规定，事业单位需要按照有关规定将资金用于规定的使用范围。

（六）财务经营目标不以营利为目的

事业单位一般不创造社会财富，其经营不以营利为目的，因此进行财务管理往往以提高财政资金的使用效益和事业单位的服务效率为目标，一般不讲究利润的最大化，这是由事业单位本身的性质决定的。事业单位的资金主要来源于国家财政，这决定了其经营要服务于国家经济，而国家财政以促进公共利益为目的，事业单位自然也以向社会提供良好的服务为经营目标。部分事业单位有资金收入，按照一定的标准或价格向社会提供劳务或者产品，比如自来水公司、学校等，往往以低于或等于成本的价格提供，不存在巨额利润空间，其亏损由国家财政进行弥补。

三、事业单位财务管理现状

1. 事业单位财务管理制度现状

近年来，我国事业单位财政政策不断变革，国家对事业单位收支管理进行更为严格的规范，但是实际上有些事业单位并没有严格落实相关制度规定，使得财务管理体系不能满足经济发展要求，会计制度建设滞后于会计实务。尤其是在基层事业单位，财务部门职位设置少，不相容岗位没有相互分离；财务人员不足，甚至存在无证上岗情况；财务人员年龄结构偏大，学习能力较差，在会计实务上仍然参照过去的经验；由于工资偏低，招聘难度加大，青年人才流失情况严重。

2. 事业单位预算管理现状

目前我国各级事业单位的预算管理体制已经基本建立，国家财政资金的使用效益得到一定程度的提升。但还是存在一些事业单位对预算管理不重视，预算编制流于形式，应付上级检查，预算编制随意性强，往往根据往年情况进行年度预算编制，并没有结合本单位发展规划和实际情况。有的事业单位虽然预算编制十分严格科学，但是执行不力。这是因为事业单位没有建立严格的执行程序和制度规范，导致编制的财务预算成为一纸空文。还有的事业单位因为缺乏后续对预算执行的定期考核评价，预算管理发挥的作用也不大。

3. 事业单位内部控制制度现状

事业单位对于重大经济活动缺乏充分的风险评估和可行性论证，同时也没有开展有效的内部控制工作，出现问题很难进行及时有效地干预。具体表现在人员岗位的设置缺乏合理性，出现兼岗和监督漏洞情况，尤其是报销程序和财务资金支出审批环节，流程缺乏严谨性，造成财政资金的浪费。

4. 信息技术日新月异

信息技术的发展进步为财务管理提供了良好的手段。为适应复杂的财务管理活动，事业单位需要适应形势更新财务管理模式，使用财务管理软件和网络技术，提高财务管理的科学性和技术性，提高财政资金的使用效率。

5. 事业单位经营管理变化

事业单位经营管理变化为财务管理提供了新的内容。比如筹资方式的变化为事业单位提供了新的资金来源，同时也为事业单位财务管理增添了新的内容。

第三节　事业单位财务管理的重要性及作用

事业单位的稳定发展与财务管理有着密不可分的关系，财务管理在事业单位中有着举足轻重的作用。因为，财务管理体制的完善，可为事业单位的发展带来很重要的保障，而基于我国的管理体制，事业单位的工作性质比较特殊，我国的事业单位所贯穿的核心理念就是以人为本，以全心全意为人民服务的理念有效开展工作，一般来说多是公益性活动，所以，财务管理在事业单位中具有重要意义。

一、事业单位财务管理的重要性

（一）事业单位财务管理是正确实现单位预算的重要手段

完善的财务管理能保证事业单位财务信息没有虚假。事业单位中触及的资金情况复杂，因此难免会发生一些财务活动上的失误，而完善的财务管理能更加合理的分配员工工作负责范围，让财务管理权和会计资料权实行更好地划分，让两者能互相钳制，以实现事业单位会计信息资料的真实有效，以此对事业单位开展其他活动时作出有效的信息指导。

事业单位预算的成立，既是预算执行的开始，也是财务工作的开始。正确圆满地实现预算，不仅取决于预算执行的组织工作，同时还要依靠大量的财务管理工作，在执行预算的每一个环节，积极开展财务管理、财务分析活动，实施必要的财务监督。只有这样，才能保证预算的圆满实现。

（二）事业单位财务管理是提高社会消费基金经济效益的有力工具

财务管理是保证事业单位资产安全、完整的"防火墙"，在当前的市场经济体制下，事业单位实物资产及无形资产都是通过其价值进行衡量。通过财务管理能将事业单位中的各种资产完完全全地展现出来，并使用对应的控制方式来约束管理层、下属部门的经费活动，能有效防范资金浪费和私自挪用的事件发生，以此来防止资金使用的盲目性，从一定程度上来说是有助于风险控制的，可以保障事业单位资金流通安全。

由各项事业的特点决定，事业单位在执行事业计划、完成工作任务过程中所消耗的资金，是一种非生产性资金，属于国民收入再分配的消费基金范畴。为了使这部分资金得以合理筹集和节约使用，并实现最大的使用价值，这就要求充分运用事业单位财务管理这一有力工具，在开展业务活动中，不断挖掘潜力，开源节流，精打细算，用较少的钱，办较多的事，并把事办好。事业单位财务管理在提高经济效益方面，主要表现为以较少的消费基金消耗，取得较多的事业成果，这也意味着社会总产品和国民收入的增长。因此，加强事业单位财务管理工作，对提高社会消费基金的经济效益是具有重要意义的。

（三）事业单位财务管理是发展各项事业的有力保证

在建设社会主义市场经济体制的过程中，加强社会主义精神文明建设，具有十分重要的意义。精神文明建设包括思想道德建设和教育科学文化建设两方面。精神文明建设事业的发展，必须有一定的财力作为基础。事业单位财务管理的根本任务，就是按照党和国家的方针、政策，通过资金的筹集、安排、使用、分析和监督，圆满地实现预算，以促进各项事业的迅速发展。因此说，事业单位财务管理是发展各项事业的有力保证。

财务管理能有效完善事业单位的管理制度，对事业单位来说，一个有效的管理制度是事业单位高效运行的前提，财务管理能将各部门间进行的经济活动实行有效的监管，以此来减少各部门间的问题和漏洞，进一步保证事业单位每个经济活动都处于财务制度准许范围之中，体现了监管体系的完善，从而实现事业单位经济利益提升的终极目标，由此可见加强财务管理对事业单位有着十分重大的意义。

二、事业单位财务管理的作用

（一）有效增强事业单位资产管理

在事业单位中，不管是实物形态的资产或者是非实物形态的资产，都有着价值和使用价值。一些事业单位在实际运行的过程当中，单单重视对实物资产进行管理，但是却没有有效地去对无形资产进行管理。在现行《事业单位财务规则》当中，明确地对资产的概念进行界定，也对财务管理做出了明确的规定，促使事业单位能够更好地对资产进行管理，使单位的资产能够通过各种形态进行全面的反映。从而也就可以在事业单位实际运行的过程中，全方位的进行资产管理，更好地发挥资产的效益和作用，让事业单位妥善完成各项工作，也就可以在我国构建可持续发展型社会的过程中，做出一定贡献。

（二）促进事业单位各项职能的发挥

在事业单位中进行良好的财务管理，对发挥事业单位职能起到十分重要的作用。财务管理水平直接关系到事业单位各项职能是否可以正常发挥，假如事业单位在实际运行的过程中，想要将自身的各项职能充分发挥出来就需要科学合理的使用各项资源，并在资金正式投入应用之前，妥善完成预算编制工作。这些工作，都是难以离开财务管理而单独存在的。

所以财务部门在实施控制以及监督等工作的过程中，需要及时发现问题，同时将问题反馈给决策人员，帮助决策人员在原有的基础上进行相应的改进，保证事业单位的各项职能能够顺利地发挥出来。

（三）能够使事业单位形成多种形式的发展格局

事业单位进行财务管理，能够规范与加强对外投资管理，避免盲目投资和资产的流失、损失，并且确保国有资产的完整和安全，促进事业单位的发展，还可以依法进行收入活动的组织，形成多种形式的发展格局。

（四）能够提高事业单位资金使用的效益

事业单位进行财务管理，能够给上级及相关部门提供有效的全面的经济信息，从而加强资金在使用前的预测工作和使用过程中的控制工作；对资金的使用效果和使用质量进行有效的考核，通过不同的财务指标，能够有效地反映资金的使用效率，了解取得的效果和成绩；能够发现存在的问题，有效改进资金的使用情况；能够对资金使用情况进行全方位、全过程的监督和控制，从而提高资金使用的效率。

（五）能够使事业单位支出得到有效的控制

财务部门应该严格按照会计制度和相应的支出约束机制，进行相应的预算编制工作，要坚持以收定支，尽量做到收支平衡，并且要统筹兼顾，有效确保重点，科学合理地进行收支安排。不仅要重视拨款，也要重视管理，对预算审核以及实际效果都需要给予重视，监督与考核项目资金的实际使用绩效，有效控制各项支出，起到节约开支和降低消耗的效果。

（六）能够健全事业单位会计制度

事业单位进行财务管理工作，能够有效提高会计制度建设水平，建立有效的支出约束体系，财务部门能够按照单位的管理要求、业务特点、人员配置、资金运动等，充分体现事业单位的特点，制定合理的、符合规范的会计制度，确保有据可依，并且要严格根据制度来办事，把握相应的关卡，减少存在的隐患，设定具体的考核指标，慢慢建立起可以提高经济效益的机制。

第四节　事业单位财务管理存在的问题及对策

一、事业单位财务管理存在的问题

（一）没有完善的财务管理制度

很多事业单位缺乏一套科学而又完善的财务管理制度，造成财务管理和实际工作脱节。在事业单位的改革中发现，一些事业单位功能定位不清、政企不分、机制不活，在公益效劳方面的制度不完善，无法有效地效劳于公益事业、推动其开展，这些问题的出现都是由于事业单位缺乏相对完善且行之有效的财务管理制度和监督机制。不健全的财务管理制度，对事业单位的财务分配、运用等的约束力相对有效，这就导致一些部门借用办公的名义过度消费。由于财务管理制度不完善，不能够有效地遏制该种现象的发生，这对事业单位的发展产生了消极的影响。要改变这种局面，就必须不断地推进事业单位的改革，加强其效劳社会、效劳政府的职能，建立一套与时俱进、切合实际的财务管理制度。

（二）预算编制与评价体系不科学

事业单位财务管理中预算编制与评价体系不科学主要表现在两个方面。

1. 预算编制问题

长期以来，由于事业单位属于非营利性的机构组织，事业单位负责人对财务预算关注度不高，对预算编制工作要求不严，对这些支出如何发生、应不应该发生以及发生所带来的效益是否与资金的金额相匹配等财务管理的关键环节认识不足，财务部门无法主动有效地进行管理和控制。

为了保证预算的准确性，减少资金的损失，我国的事业单位财务管理制度规定在编制收入预算的时候要参考前一年的预算执行情况、年度预算收入状况，在编制支出预算时，必须考虑事业单位的实际需要和财务能力。但是在实际的工作中一些财务人员并没有根据财务管理制度的规定进行操作，单纯地按照基数加增量编制模式进行简单预算，而且出现编制赤字预算的现象，导致预算不准确，收支失衡。

2. 预算评价体系问题

财务管理过程中的资金预算主要是为了科学规范地对事业单位财务支出和财务收入进行统筹管理。这就致使财务预算制度一定具有约束性以及强制性，但就事业单位财务管理形式而言，预算管理制度缺乏强有力的执行力度，其普遍存在着预算超支以及支出混乱等现象，致使事业单位具有的社会公信力被大大地降低。

未设立专门的预算监督机构对事业单位的各项支出进行评价与监督，造成单位资金使用的随意性，便会有人利用监督空缺私自挪用公款，改变资金的用途，还有的部门为了追求目标而超标使用资金，这些最终都会造成资金的浪费，使得经济活动不能切实地达到效劳社会的目的。

（三）资产管理中存在漏洞，缺乏足够的监督力度

资产管理是一项复杂的系统工程，仅仅靠财务人员统计入账不能确保各项资产的安全性。事业单位固定资产普遍存在"重购置、轻管理"，资产的使用与管理脱节，资产利用率低。如在建的固定资产、已完工工程未履行相关手续，未及时结转固定资产账目；固定资产出租收入未纳入预算管理；自行处置的资产收入未列入预算，形成了账外资金；纳入政府采购范围的固定资产，没有严格执

行政府采购有关规定和招投标程序等。事业单位财务管理直接影响着国有资产的安全，当前我国的事业单位的财务管理中缺乏相应的内外部监督，对于财务预算的制定、实施和核算都没有相应的监督，使得一些事业单位滥用资金、擅自夸大开支的范围、假公济私，造成了国有资产的流失，不利于社会效益的实现。

（四）财务管理人员素质偏低，管理不标准

事业单位中的工作人员受到明确的编制限制，存在人员配置以及职能设置等方面的问题，使得事业单位的工作人员出现兼职的现象，导致财务管理人员的工作量大且繁杂。而财务管理就是一项需要消耗较多精力的工作，因此难免出现财务问题。另外，一些财务管理人员的业务水平和素质不高，他们甚至没有经过相关的会计从业人员的考试并获得担任会计职位的资格证书，或者是知识结构跟不上时代的步伐，这会导致财务管理中的不标准。据调查，很多事业单位报表中没有详细的财务情况说明书，其财务数据缺乏准确性、真实性，其财务管理人员的工作主要是采取估算、推算等方式，造成了账目与实际不符。财务管理人员的工作水平影响着财政主管部门对基层财务工作的总结，并影响着政策制定者提供体制改革的正确性。

（五）财务管理工作中的法律建设问题

在我国事业单位财务管理工作，有一些相关的监督机制还尚未健全，因此在法律建设工作中还存在几大方面的问题与不足：一是财务管理信息失真。有一些事业单位出于提高单位利益的目的，通过偷税、漏税的手段转移国家资产。还有的单位负责人直接指使单位财务管理人员掩盖真正的财务数据，从而达到谋取私利以及提高政绩的目的。二是财务管理人员缺乏一个良好的工作环境。事业单位的财务管理部门都是在领导的指示下进行工作的，财务管理人员在进行工作的时候容易受到多种方面的干预与影响，其工作也受到了很多种因素的限制于束缚。三是财务管理工作中法律意识淡薄。在我国的事业单位中可能存在靠关系办事的现象，不能很好地履行财务管理工作的原则，因此也就难以运用所对应的财经法律法规去进行财务管理的工作，这对于我国的会计法以及相关的法律法规也有着十分严重的影响。

二、事业单位财务管理的问题对策

（一）转变财务管理观念

目前，我国许多事业单位普遍存在财务管理人员缺乏理财观念的现象，对

于单位闲置的资金置之不理，导致资金的严重浪费。因此，事业单位财务管理人员在进行财务管理时，应该转变财务管理观念，不断地学习和借鉴财务管理的经验，不断地提高自身的理财技能，同时事业单位的财务管理人员应该提高风险规避意识和技能，逐渐地改变传统的财务管理理念和方式，对事业单位的资金进行科学、合理的规划，降低事业单位投资风险，提高投资效率和收益。

（二）建立完善的财务管理制度

完善的财务管理制度是实现财务科学、标准管理的保证，因此各个事业单位要在国家宏观的财务管理制度的基础上，根据单位的实际情况，建立完善的财务管理制度，其一定要具有可行性和适应性。事业单位的各个部门关于资金方面的管理也不能够违反单位整体的财务管理制度。财务管理制度中要对资金，票据管理，预算的编制、执行、监督、核算等都要有明确的规定，例如内部审计、财务公开以及预算管理一系列制度的建立，使各项财务活动有制可依。

事业单位如果想要建立完善的财务管理制度，可以从以下几个方面着手：第一，需要根据国家相关法律规定来对相关工作进行指导，但是在实际部署的过程中，应该结合本单位具体情况来对管理细则以及管理资源配置进行制定，主要包括执行方案、资金管理系统、设计方案以及经费支出监督等财务控制制度。实行以上制度需要涵盖事业单位的所有部门和所有工作环节，并制定相关的操作细则。例如在采购方面，事业单位需要根据本单位的实际需求进行采购管理，对采购流程进行严格控制，尤其是要严格审批大额资产采购申请。在资产管理方面，要利用大数据和互联网技术，构建资产信息数据库，对其进行准确的动态管理。在单位绩效管理方面，要对每一个部门和每一个职员进行绩效考核，提高工作效率。第二，还需要不断地对事业单位财务管理制度进行完善，加强内部审计工作，使财务风险可以控制在最小的范围内，而财务监督机制需要把量化形式当作标准，杜绝出现形式化，从而让财务监督机制存在着更高的操作性。

具体措施可以参考以下几点。

其一，创建完善的会计核算制度。通过创建完善的会计核算制度，对不同时期的资金流入、流出状况进行实名登记，同时做好相应的授权和审批工作，增加资金流量的透明度，还可以借助先进的设备和技术，保证资金能够落实到位，推动事业单位的转型。

其二，创建完善的内部监督制度。通过创建完善的内部监督制度，能够对财务管理人员的行为以及资金的流入、流出状况进行监督，保证相关的财务活动能够按照相关的规范进行。为了提高评价的真实性，还应该定期或者不定期地对内部资金流向状态进行检查，以此掌握资金的执行和使用状况，实现资源的最优化配置，推动事业单位的改革与发展。

其三，创建完善的预算管理制度。事业单位的财务管理部门应该加强财务预算职能，每个部门都应该按照财务管理部门的预算表编制本部门的收支预算，同时严格的执行预算，在年末时对实际收支和预算收支进行比较分析，及时的检查和发现财务管理中存在的漏洞，并采取针对性的措施进行处理，避免给事业单位以及国家带来经济损失。

（三）完善事业单位的预算制度

随着社会主义市场经济的繁荣发展，事业单位财务管理也要逐渐改变一些陈旧的、不再适应经济发展需求的制度规范，提升财务管理水平，提高经济效益。事业单位需实行全面预算管理，成立专门的预算管理小组负责预算编制、监督实施、分析并调整预算计划，防微杜渐，实现对事业单位经济活动全过程的管理、控制和监督，进而提高资金的使用效益。

完善事业单位的预算制度，保证预算编制的科学、全面、准确。首先，要遵循"综合平衡、统筹兼顾、保证重点"的原则，对事业单位内部的经费预算进行科学合理的编制，时刻坚持本钱效益的原则，力争将事业单位的各项收支活动都纳入预算管理之中，这样才能够给各项活动提供一定的约束力。其次，要严格预算的审批、调整程序，建立起责任到人的预算执行体系，严禁单位领导随意地更改预算或者追加预算。最后，要建立科学合理的评价体系，加强对预算的编制、执行的考核，对事业单位的各项活动都要监督，在执行中发现问题，应当及时地进行改正，以提高预算的管理水平。

具体可以措施可以参考以下内容。

在预算编制环节，事业单位要秉持统筹兼顾的原则制定年度计划，经预算管理小组审议批准后下达各部门执行。在预算执行环节，事业单位要按照预算严格执行。若当年有新增财政支出的特殊项目，必须由申请部门撰写申请计划书，交由预算编制小组审议通过，报上级部门批准。在绩效考核环节，预算编制小组需要定期对各职能部门预算执行情况进行考核，撰写预算执行分析报告，交单位管理层审核，反馈预算执行效果。

预算编制涉及事业单位的各个部门，因此其工作不仅是财务部门的工作，还需要各部门共同的参与，认真分析本部门的工作，对可能发生的重大支出需求进行统筹安排，报给财务部门，这样才能够保证财务部门的预算编制能够更加的精细化、科学化。预算编制的工作要做到分工明确、责任到岗、互相配合、标准程序，以保证本单位的预算编制顺利开展。另外在预算制度完善过程中，还要注意预算编制方法的改良，以实现资源的优化配置。

（四）加强资金管理

根据现金管理中的各项规定，对于库存的现金，只可用在个人福利、零星开支、备用金以及工资支出等方面。对于一些特殊状况来说，需获得相关部门的批准，才能够运用现金，对于超出库存限额的现金，则应存入银行。根据《支付结算办法》中的相关规定，需强化管理银行账户，依照相关规定来结算、取款、开设账户、办理存款。绝不可签发不具备资金保障的远期票据，不可套取相关银行的信用，也不可转让与签发不具备真实交易的票据以及不具备债务债权的票据。不可套用他人的资金，不可随意占用资金。空白票据应指定专人保管。根据岗位不相容原则，同一人不可同时保管空白票据与银行印章。票据填写错误，也不可随意丢弃或撕毁，应统一保管后作废。财务专用章则需由财务部门的负责人保管。及时关注发票不同步的情况，例如资金收入和支出是否与发票记载金额相同，是否存在较大的数据出入。此外，应加强票据的安全风险管理，加大财政票据管理的宣传和培训，并积极推行电子化财政票据的改革，有助于提高发票管理的科学性以及精细化管理水平。

资金管理是事业单位财务管理工作的核心，也是事业单位不断增强自身竞争力的武器。因此，事业单位要重视开展资金管理工作，提高自身财务精细化水平，完善现金管理及票据管理工作，建立科学的内部审计制度，促进资金管理工作的有效开展，以实现事业单位长远发展。

（五）加强固定资产管理

加强固定资产管理要从以下几点做起：首先，要对事业单位的资产进行划分，坚持财务别离、互相牵制、责任到人的原则，进行合理的分工，对各个部门、各个级别的责任进行明确的安排，由财务部门对固定资产进行统一的管理。其次，要建立管理固定资产的相关制度，对于一些价值较大的资产，在购置之前要进行其可行性和效益性科学评估，坚持固定资产投资的决策、监督和执行三个环节的有效结合，以实现资产的合理利用，实现较大的社会价值，防止浪费。最后，在一些大宗物品的采购中尽量采用招投标的形式，增加设备购置的透明度，坚持政府采购的执行，以最少的投入实现最大的经济效益。

（六）提高财务管理人员的业务水平与职业素质

财务管理的主体是人，他们的业务水平与素质直接影响着财务管理的科学性与合理性。优秀的财务管理人员是提高事业单位财务管理水平的基础，事业单位需要做到以下几点。

第一，提高财务管理人员的入职门槛，强化内部员工培训。首先，可以着力引进高水平的财务管理人才，给事业单位注入新的力量，尽快实现事业单位财务管理部门的现代化运作。其次，要定期组织财务管理人员进行职业培训，认真学习财务管理的政策法规和制度，明白财务管理的重要性，增强其财务管理的法律意识和责任感。

第二，提高财务管理人员的信息技术能力。随着计算机时代的到来，提高财务管理人员的信息技术能力是非常必要的，因此事业单位要对财务管理人员进行会计电算化的技能培训，严格财务处理的程序，提高财务管理的科学性和严密性。同时，事业单位可以充分借助网络和现代化的高新技术，创建单位信息沟通交流平台，方便单位内部工作人员交流信息，也让工作人员能紧密结合单位发展情况不断改进并完善自身工作。

第三，建立科学的财务管理人员激励和晋升机制。事业单位应根据本单位的实际情况和工作需求，建立一套兼顾效率和公平、物质奖励和精神奖励双管齐下的激励机制。事业单位需要改革原有的不合理的晋升机制，只有将激励和晋升的渠道透明化、公平公正化，才能留住高素质人才，从而提高事业单位运营的整体效益。

第四，完善内部人才流动机制。工作轮换和晋升将会使财务管理人员有更多接触不同业务类型和项目的机会，提升工作热情。财务管理人员工作能力提升后，也会乐于承担更大的责任，形成良性循环。更为重要的是他们更加熟悉财务管理一整套工作流程，有效提高工作效率，同时发现管理过程中的漏洞，及时向组织反馈。而且当财务管理人员清楚流程后，心中有全局，清楚哪些环节是冗余的，哪些投资是不理性的，更加有利于工作的深入开展。

（七）加强财务管理活动法律建设

加强事业单位财务管理活动法律建设，应该健全财务管理的相关规定，并认真加以执行，提高全体人员对制度的敬畏，增加财务管理人员重要决策和业务管理活动的参与度，发挥财务管理的作用。

同时，推进财务公开，接受民主监督。严格地按照国家相关法律法规的规定进行财务公开，并保证公开内容的真实性，注重突出重大的财务事项。事业单位的各项财务管理制度、预算、经费收支以及审批程序都要公开，接受全体员工的监督，以保证财务管理的真实性、科学性，促进廉政建设。

第五节　事业单位财务管理的相关法规及主要任务

一、事业单位财务管理的相关法规

在建立社会主义市场经济体制的条件下，事业单位财务管理严格遵循执行国家有关法律、法规和财务规章制度的原则，对提高事业单位依法办事意识，规范单位财务行为，保证事业健康发展，具有十分重要的意义。因此，事业单位制定财务管理规定，出台财务管理措施和开展其他活动，都应严格执行国家有关法律、法规和财务规章制度。

事业单位财务管理的相关法规、规章、规则、制度、指南、办法等大致可以分为八大方面。

第一，财务规章。

事业单位相关财务规章主要包括：《事业单位财务规则》《基本建设财务规则》《基本建设项目竣工财务决算管理暂行办法》《基本建设项目建设成本管理规定》等。

第二，会计法规。

事业单位相关会计法规包括：《政府会计准则——基本准则》《政府会计制度——行政事业单位会计科目和报表》等。

第三，预算管理法规。

事业单位相关预算管理法规包括：《中华人民共和国预算法》《中央基本建设投资项目预算编制暂行办法》《中央本级基本支出预算管理办法》《中央本级项目支出预算管理办法》《中央部门预算绩效目标管理办法》《项目支出绩效评价管理办法》《政府非税收入管理办法》等。

第四，资金管理规章。

事业单位相关资金管理规章包括：《中央部门结转和结余资金管理办法》《中央预算单位资金存放管理实施办法》《银行账户管理办法》《财政票据管理办法》《行政事业单位资金往来结算票据使用管理暂行办法》等。

第五，资产管理规章。

事业单位相关资产管理规章包括：《事业单位国有资产管理暂行办法》《行

政事业单位国有资产年度报告管理办法》《中央行政事业单位国有资产处置管理办法》《党政机关公务用车配备使用管理办法》《党政机关办公用房建设标准》《行政事业单位资产清查核实管理办法》等。

第六，采购法规。

事业单位相关采购法规包括：《中华人民共和国政府采购法》《中华人民共和国招标投标法》《政府采购货物和服务招标投标管理办法》《政府采购非招标采购方式管理办法》《政府采购竞争性磋商采购方式管理暂行办法》等。

第七，审计和内控法规。

事业单位相关审计和内控法规包括：《中华人民共和国审计法》《审计署关于内部审计工作的规定》《党政主要领导干部和国有企业领导人员经济责任审计规定》《行政事业单位内部控制规范（试行）》《行政事业单位内部控制报告管理制度（试行）》等。

第八，其他相关规章。

事业单位其他相关规章包括：《机关事务管理条例》《财政违法行为处罚处分条例》《违规发放津贴补贴行为处分规定》《基层工会经费收支管理办法》等。

下面主要介绍《事业单位财务规则》《政府会计准则——基本准则》《中华人民共和国预算法》。

（一）事业单位财务规则

1. 出台背景

原《事业单位财务规则》是 1996 年 10 月 5 日经国务院批准，由财政部发布，自 1997 年 1 月 1 日起施行的。原《事业单位财务规则》实施以来，对于规范事业单位的财务行为，加强事业单位财务管理，促进各项社会事业健康发展，发挥了积极的作用。然而，随着财政和各项社会事业改革不断深入，原《事业单位财务规则》某些方面已经不能完全适应改革和发展的要求，如一些规定已经与近年来推行的部门预算、国库集中收付制度等财政改革相脱节。同时，按照依法理财、科学理财和民主理财的要求，财政部门大力推进科学化、精细化管理，强化"两基"工作，对事业单位财务管理提出了新的要求，事业单位财务监督也有待进一步加强。因此，为了进一步适应支持各项社会事业加快发展的新形势以及财政改革和发展的新要求，适时修订《事业单位财务规则》是十分必要的。

所以，为进一步规范事业单位的财务行为，加强事业单位财务管理和监督，提高资金使用效益，保障事业单位健康发展，制定了新《事业单位财务规则》。

该《事业单位财务规则》于 2012 年 2 月 7 日由中华人民共和国财政部令第 68 号发布，分总则、单位预算管理、收入管理、支出管理、结转和结余管理、专用基金管理、资产管理、负债管理、事业单位清算、财务报告和财务分析、财务监督、附则，共 12 章 68 条，自 2012 年 4 月 1 日起施行。

2017 年 12 月 4 日，通过《财政部关于修改〈注册会计师注册办法〉等 6 部规章的决定》财政部令第 90 号，在《事业单位财务规则》原第六十一条后增加一条作为第六十二条，原第六十二条至第六十八条相应顺延，增加内容为："各级财政部门及其工作人员在事业单位预算管理、国有资产管理审批工作中，存在违反本规则规定的行为，以及其他滥用职权、玩忽职守、徇私舞弊等违法违纪行为的，依照《中华人民共和国预算法》《中华人民共和国公务员法》《中华人民共和国行政监察法》《财政违法行为处罚处分条例》等国家有关规定追究相应责任；涉嫌犯罪的，依法移送司法机关处理"。

2. 内容

《事业单位财务规则》具体内容如下：

事业单位财务规则

第一章　总则

第一条　为了进一步规范事业单位的财务行为，加强事业单位财务管理和监督，提高资金使用效益，保障事业单位健康发展，制定本规则。

第二条　本规则适用于各级各类事业单位（以下简称事业单位）的财务活动。

第三条　事业单位财务管理的基本原则是：执行国家有关法律、法规和财务规章制度；坚持勤俭办事业的方针；正确处理事业发展需要和资金供给的关系，社会效益和经济效益的关系，国家、单位和个人三者利益的关系。

第四条　事业单位财务管理的主要任务是：合理编制单位预算，严格预算执行，完整、准确编制单位决算，真实反映单位财务状况；依法组织收入，努力节约支出；建立健全财务制度，加强经济核算，实施绩效评价，提高资金使用效益；加强资产管理，合理配置和有效利用资产，防止资产流失；加强对单位经济活动的财务控制和监督，防范财务风险。

第五条　事业单位的财务活动在单位负责人的领导下，由单位财务部门统一管理。

第二章　单位预算管理

第六条　事业单位预算是指事业单位根据事业发展目标和计划编制的年度

财务收支计划。

事业单位预算由收入预算和支出预算组成。

第七条　国家对事业单位实行核定收支、定额或者定项补助、超支不补、结转和结余按规定使用的预算管理办法。

定额或者定项补助根据国家有关政策和财力可能，结合事业特点、事业发展目标和计划、事业单位收支及资产状况等确定。定额或者定项补助可以为零。

非财政补助收入大于支出较多的事业单位，可以实行收入上缴办法。具体办法由财政部门会同有关主管部门制定。

第八条　事业单位参考以前年度预算执行情况，根据预算年度的收入增减因素和措施，以及以前年度结转和结余情况，测算编制收入预算；根据事业发展需要与财力可能，测算编制支出预算。

事业单位预算应当自求收支平衡，不得编制赤字预算。

第九条　事业单位根据年度事业发展目标和计划以及预算编制的规定，提出预算建议数，经主管部门审核汇总报财政部门（一级预算单位直接报财政部门，下同）。事业单位根据财政部门下达的预算控制数编制预算，由主管部门审核汇总报财政部门，经法定程序审核批复后执行。

第十条　事业单位应当严格执行批准的预算。预算执行中，国家对财政补助收入和财政专户管理资金的预算一般不予调整。上级下达的事业计划有较大调整，或者根据国家有关政策增加或者减少支出，对预算执行影响较大时，事业单位应当报主管部门审核后报财政部门调整预算；财政补助收入和财政专户管理资金以外部分的预算需要调增或者调减的，由单位自行调整并报主管部门和财政部门备案。

收入预算调整后，相应调增或者调减支出预算。

第十一条　事业单位决算是指事业单位根据预算执行结果编制的年度报告。

第十二条　事业单位应当按照规定编制年度决算，由主管部门审核汇总后报财政部门审批。

第十三条　事业单位应当加强决算审核和分析，保证决算数据的真实、准确，规范决算管理工作。

第三章　收入管理

第十四条　收入是指事业单位为开展业务及其他活动依法取得的非偿还性资金。

第十五条　事业单位收入包括：

（一）财政补助收入，即事业单位从同级财政部门取得的各类财政拨款。

（二）事业收入，即事业单位开展专业业务活动及其辅助活动取得的收入。其中：按照国家有关规定应当上缴国库或者财政专户的资金，不计入事业收入；从财政专户核拨给事业单位的资金和经核准不上缴国库或者财政专户的资金，计入事业收入。

（三）上级补助收入，即事业单位从主管部门和上级单位取得的非财政补助收入。

（四）附属单位上缴收入，即事业单位附属独立核算单位按照有关规定上缴的收入。

（五）经营收入，即事业单位在专业业务活动及其辅助活动之外开展非独立核算经营活动取得的收入。

（六）其他收入，即本条上述规定范围以外的各项收入，包括投资收益、利息收入、捐赠收入等。

第十六条　事业单位应当将各项收入全部纳入单位预算，统一核算，统一管理。

第十七条　事业单位对按照规定上缴国库或者财政专户的资金，应当按照国库集中收缴的有关规定及时足额上缴，不得隐瞒、滞留、截留、挪用和坐支。

第四章　支出管理

第十八条　支出是指事业单位开展业务及其他活动发生的资金耗费和损失。

第十九条　事业单位支出包括：

（一）事业支出，即事业单位开展专业业务活动及其辅助活动发生的基本支出和项目支出。基本支出是指事业单位为了保障其正常运转、完成日常工作任务而发生的人员支出和公用支出。项目支出是指事业单位为了完成特定工作任务和事业发展目标，在基本支出之外所发生的支出。

（二）经营支出，即事业单位在专业业务活动及其辅助活动之外开展非独立核算经营活动发生的支出。

（三）对附属单位补助支出，即事业单位用财政补助收入之外的收入对附属单位补助发生的支出。

（四）上缴上级支出，即事业单位按照财政部门和主管部门的规定上缴上级单位的支出。

（五）其他支出，即本条上述规定范围以外的各项支出，包括利息支出、捐赠支出等。

第二十条　事业单位应当将各项支出全部纳入单位预算，建立健全支出管理制度。

第二十一条　事业单位的支出应当严格执行国家有关财务规章制度规定的开支范围及开支标准；国家有关财务规章制度没有统一规定的，由事业单位规定，报主管部门和财政部门备案。事业单位的规定违反法律制度和国家政策的，主管部门和财政部门应当责令改正。

第二十二条　事业单位在开展非独立核算经营活动中，应当正确归集实际发生的各项费用数；不能归集的，应当按照规定的比例合理分摊。

经营支出应当与经营收入配比。

第二十三条　事业单位从财政部门和主管部门取得的有指定项目和用途的专项资金，应当专款专用、单独核算，并按照规定向财政部门或者主管部门报送专项资金使用情况；项目完成后，应当报送专项资金支出决算和使用效果的书面报告，接受财政部门或者主管部门的检查、验收。

第二十四条　事业单位应当加强经济核算，可以根据开展业务活动及其他活动的实际需要，实行内部成本核算办法。

第二十五条　事业单位应当严格执行国库集中支付制度和政府采购制度等有关规定。

第二十六条　事业单位应当加强支出的绩效管理，提高资金使用的有效性。

第二十七条　事业单位应当依法加强各类票据管理，确保票据来源合法、内容真实、使用正确，不得使用虚假票据。

第五章　结转和结余管理

第二十八条　结转和结余是指事业单位年度收入与支出相抵后的余额。

结转资金是指当年预算已执行但未完成，或者因故未执行，下一年度需要按照原用途继续使用的资金。结余资金是指当年预算工作目标已完成，或者因故终止，当年剩余的资金。

经营收支结转和结余应当单独反映。

第二十九条　财政拨款结转和结余的管理，应当按照同级财政部门的规定执行。

第三十条　非财政拨款结转按照规定结转下一年度继续使用。非财政拨款结余可以按照国家有关规定提取职工福利基金，剩余部分作为事业基金用于弥补以后年度单位收支差额；国家另有规定的，从其规定。

第三十一条　事业单位应当加强事业基金的管理，遵循收支平衡的原则，统筹安排、合理使用，支出不得超出基金规模。

第六章 专用基金管理

第三十二条 专用基金是指事业单位按照规定提取或者设置的有专门用途的资金。

专用基金管理应当遵循先提后用、收支平衡、专款专用的原则,支出不得超出基金规模。

第三十三条 专用基金包括:

(一)修购基金,即按照事业收入和经营收入的一定比例提取,并按照规定在相应的购置和修缮科目中列支(各列50%),以及按照其他规定转入,用于事业单位固定资产维修和购置的资金。事业收入和经营收入较少的事业单位可以不提取修购基金,实行固定资产折旧的事业单位不提取修购基金。

(二)职工福利基金,即按照非财政拨款结余的一定比例提取以及按照其他规定提取转入,用于单位职工的集体福利设施、集体福利待遇等的资金。

(三)其他基金,即按照其他有关规定提取或者设置的专用资金。

第三十四条 各项基金的提取比例和管理办法,国家有统一规定的,按照统一规定执行;没有统一规定的,由主管部门会同同级财政部门确定。

第七章 资产管理

第三十五条 资产是指事业单位占有或者使用的能以货币计量的经济资源,包括各种财产、债权和其他权利。

第三十六条 事业单位的资产包括流动资产、固定资产、在建工程、无形资产和对外投资等。

第三十七条 事业单位应当建立健全单位资产管理制度,加强和规范资产配置、使用和处置管理,维护资产安全完整,保障事业健康发展。

第三十八条 事业单位应当按照科学规范、从严控制、保障事业发展需要的原则合理配置资产。

第三十九条 流动资产是指可以在一年以内变现或者耗用的资产,包括现金、各种存款、零余额账户用款额度、应收及预付款项、存货等。

前款所称存货是指事业单位在开展业务活动及其他活动中为耗用而储存的资产,包括材料、燃料、包装物和低值易耗品等。

事业单位应当建立健全现金及各种存款的内部管理制度,对存货进行定期或者不定期的清查盘点,保证账实相符。对存货盘盈、盘亏应当及时处理。

第四十条 固定资产是指使用期限超过一年,单位价值在1000元以上(其中:专用设备单位价值在1500元以上),并在使用过程中基本保持原有物质形态的资产。单位价值虽未达到规定标准,但是耐用时间在一年以上的大批同类物资，作为固定资产管理。

固定资产一般分为六类：房屋及构筑物；专用设备；通用设备；文物和陈列品；图书、档案；家具、用具、装具及动植物。行业事业单位的固定资产明细目录由国务院主管部门制定，报国务院财政部门备案。

第四十一条　事业单位应当对固定资产进行定期或者不定期的清查盘点。年度终了前应当进行一次全面清查盘点，保证账实相符。

第四十二条　在建工程是指已经发生必要支出，但尚未达到交付使用状态的建设工程。

在建工程达到交付使用状态时，应当按照规定办理工程竣工财务决算和资产交付使用。

第四十三条　无形资产是指不具有实物形态而能为使用者提供某种权利的资产，包括专利权、商标权、著作权、土地使用权、非专利技术、商誉以及其他财产权利。

事业单位转让无形资产，应当按照有关规定进行资产评估，取得的收入按照国家有关规定处理。事业单位取得无形资产发生的支出，应当计入事业支出。

第四十四条　对外投资是指事业单位依法利用货币资金、实物、无形资产等方式向其他单位的投资。

事业单位应当严格控制对外投资。在保证单位正常运转和事业发展的前提下，按照国家有关规定可以对外投资的，应当履行相关审批程序。事业单位不得使用财政拨款及其结余进行对外投资，不得从事股票、期货、基金、企业债券等投资，国家另有规定的除外。

事业单位以非货币性资产对外投资的，应当按照国家有关规定进行资产评估，合理确定资产价值。

第四十五条　事业单位资产处置应当遵循公开、公平、公正和竞争、择优的原则，严格履行相关审批程序。

事业单位出租、出借资产，应当按照国家有关规定经主管部门审核同意后报同级财政部门审批。

第四十六条　事业单位应当提高资产使用效率，按照国家有关规定实行资产共享、共用。

第八章　负债管理

第四十七条　负债是指事业单位所承担的能以货币计量，需要以资产或者劳务偿还的债务。

第四十八条 事业单位的负债包括借入款项、应付款项、暂存款项、应缴款项等。

应缴款项包括事业单位收取的应当上缴国库或者财政专户的资金、应缴税费，以及其他按照国家有关规定应当上缴的款项。

第四十九条 事业单位应当对不同性质的负债分类管理，及时清理并按照规定办理结算，保证各项负债在规定期限内归还。

第五十条 事业单位应当建立健全财务风险控制机制，规范和加强借入款项管理，严格执行审批程序，不得违反规定举借债务和提供担保。

第九章 事业单位清算

第五十一条 事业单位发生划转、撤销、合并、分立时，应当进行清算。

第五十二条 事业单位清算，应当在主管部门和财政部门的监督指导下，对单位的财产、债权、债务等进行全面清理，编制财产目录和债权、债务清单，提出财产作价依据和债权、债务处理办法，做好资产的移交、接收、划转和管理工作，并妥善处理各项遗留问题。

第五十三条 事业单位清算结束后，经主管部门审核并报财政部门批准，其资产分别按照下列办法处理：

（一）因隶属关系改变，成建制划转的事业单位，全部资产无偿移交，并相应划转经费指标。

（二）转为企业管理的事业单位，全部资产扣除负债后，转作国家资本金。需要进行资产评估的，按照国家有关规定执行。

（三）撤销的事业单位，全部资产由主管部门和财政部门核准处理。

（四）合并的事业单位，全部资产移交接收单位或者新组建单位，合并后多余的资产由主管部门和财政部门核准处理。

（五）分立的事业单位，资产按照有关规定移交分立后的事业单位，并相应划转经费指标。

第十章 财务报告和财务分析

第五十四条 财务报告是反映事业单位一定时期财务状况和事业成果的总结性书面文件。

事业单位应当定期向主管部门和财政部门以及其他有关的报表使用者提供财务报告。

第五十五条 事业单位报送的年度财务报告包括资产负债、收入支出表、财政拨款收入支出表、固定资产投资决算报表等主表，有关附表以及财务情况说明书等。

第五十六条　财务情况说明书，主要说明事业单位收入及其支出、结转、结余及其分配、资产负债变动、对外投资、资产出租出借、资产处置、固定资产投资、绩效考评的情况，对本期或者下期财务状况发生重大影响的事项，以及需要说明的其他事项。

第五十七条　财务分析的内容包括预算编制与执行、资产使用、收入支出状况等。

财务分析的指标包括预算收入和支出完成率、人员支出与公用支出分别占事业支出的比率、人均基本支出、资产负债率等。主管部门和事业单位可以根据本单位的业务特点增加财务分析指标。

第十一章　财务监督

第五十八条　事业单位财务监督主要包括对预算管理、收入管理、支出管理、结转和结余管理、专用基金管理、资产管理、负债管理等的监督。

第五十九条　事业单位财务监督应当实行事前监督、事中监督、事后监督相结合，日常监督与专项监督相结合。

第六十条　事业单位应当建立健全内部控制制度、经济责任制度、财务信息披露制度等监督制度，依法公开财务信息。

第六十一条　事业单位应当依法接受主管部门和财政、审计部门的监督。

第十二章　附则

第六十二条　各级财政部门及其工作人员在事业单位预算管理、国有资产管理审批工作中，存在违反本规则规定的行为，以及其他滥用职权、玩忽职守、徇私舞弊等违法违纪行为的，依照《中华人民共和国预算法》《中华人民共和国公务员法》《中华人民共和国行政监察法》《财政违法行为处罚处分条例》等国家有关规定追究相应责任；涉嫌犯罪的，依法移送司法机关处理。

第六十三条　事业单位基本建设投资的财务管理，应当执行本规则，但国家基本建设投资财务管理制度另有规定的，从其规定。

第六十四条　参照公务员法管理的事业单位财务制度的适用，由国务院财政部门另行规定。

第六十五条　接受国家经常性资助的社会力量举办的公益服务性组织和社会团体，依照本规则执行；其他社会力量举办的公益服务性组织和社会团体，可以参照本规则执行。

第六十六条　下列事业单位或者事业单位特定项目，执行企业财务制度，不执行本规则：

（一）纳入企业财务管理体系的事业单位和事业单位附属独立核算的生产经营单位；

（二）事业单位经营的接受外单位要求投资回报的项目；

（三）经主管部门和财政部门批准的具备条件的其他事业单位。

第六十七条 行业特点突出，需要制定行业事业单位财务管理制度的，由国务院财政部门会同有关主管部门根据本规则制定。

部分行业根据成本核算和绩效管理的需要，可以在行业事业单位财务管理制度中引入权责发生制。

第六十八条 省、自治区、直辖市人民政府财政部门可以根据本规则结合本地区实际情况制定事业单位具体财务管理办法。

第六十九条 本规则自 2012 年 4 月 1 日起施行。

附件：事业单位财务分析指标

事业单位财务分析指标

1. 预算收入和支出完成率，衡量事业单位收入和支出总预算及分项预算完成的程度。计算公式为：

预算收入完成率＝年终执行数 ÷（年初预算数 ± 年中预算调整数）×100%

年终执行数不含上年结转和结余收入数

预算支出完成率＝年终执行数 ÷（年初预算数 ± 年中预算调整数）×100%

年终执行数不含上年结转和结余支出数

2. 人员支出、公用支出占事业支出的比率，衡量事业单位事业支出结构。计算公式为：

人员支出比率＝人员支出 ÷ 事业支出 ×100%

公用支出比率＝公用支出 ÷ 事业支出 ×100%

3. 人均基本支出，衡量事业单位按照实际在编人数平均的基本支出水平。计算公式为：

人均基本支出＝（基本支出－离退休人员支出）÷ 实际在编人数

4. 资产负债率，衡量事业单位利用债权人提供资金开展业务活动的能力，以及反映债权人提供资金的安全保障程度。计算公式为：

资产负债率＝负债总额 ÷ 资产总额 ×100%

3. 特点

（1）与财政体制改革的成果相衔接

2000 年以来，国库集中收付、政府收支分类、部门预算、政府采购等各项财政改革陆续开展，对事业单位预算管理、收支管理、资产管理等各方面产生了深刻的影响，同时涉及事业单位会计核算方法的调整和改进。目前各项改革已趋于稳定和完善，新《事业单位财务规则》充分体现了我国财政改革的成果，对过去几年里我国实行的部门预算改革、收支科目改革以及政府集中采购改革、收支两条线改革有明确的界定，并要求各事业单位严格按照执行，创新和充实事业单位财务管理的内容和手段。

（2）体现了科学化、精细化管理的要求

财政科学化、精细化管理对财务提出了更高的要求，需要更详细、全面和真实可靠的预算执行信息和资产、负债等财务状况信息，作为预算管控和政策制定的基础。新《事业单位财务规则》确立了大收大支的综合预算管理原则，资金不再提预算内、外，实行统一管理，完善预算测算的依据，加强预算执行的控制，体现预算和决算的完整性；强调经济核算和支出的绩效管理，合理配置和有效利用资产，健全财务风险控制机制，强化财务监督。

（3）突出事业单位公益属性的性质

目前，由于事业单位改革相对滞后，事业单位管理存在的一个突出问题是属性不明确。全国 120 多万个事业单位，有履行行政职能的，有搞生产经营的，也有从事公益服务活动的。按照中发〔2011〕5 号文件精神，"对承担行政职能的，逐步将其行政职能划归行政机构或转为行政机构；对从事生产经营活动的逐步将其转为企业；对从事公益服务的，继续将其保留在事业单位序列，强化其公益属性。"这次修订正本清源，明确事业单位公益属性性质，牢牢把握事业单位财务活动的方向。

（4）为会计制度的制定提供支持

新《事业单位财务规则》对不同类型的事业单位提供了不同的制度选择，为下一步事业单位会计制度的制定和适用铺平了道路。

（5）强化事业单位预算管理

在预算编制方面，新《事业单位财务规则》改变了以往的规定。"事业单位根据财政部门下达的预算控制数编制预算，由主管部门审核汇总报财政部门，经法定程序审核批复后执行"，而不再是"由主管部门汇总报财政部门审核批复后执行"。预算执行中，事业单位应当严格执行批准的预算，国家对财政补助收入和财政专户管理资金的预算一般不予调整。对财政补助收入和财政专户管理资金以外部分的预算需要调增或者调减的，由单位自行调整并报主管部门和财政部门备案。这既规范了预算审核、审批及备案的工作流程，明确了各环节责任，又体现了预算的严肃性。

在决算管理方面，新《事业单位财务规则》增加了单位年度决算编制与审批的要求。事业单位决算是指事业单位根据预算执行结果编制的年度报告。新《事业单位财务规则》第12、13条规定，事业单位应当按照规定编制年度决算，加强决算审核和分析，保证决算数据的真实、准确。同时，要求单位年度决算必须由主管部门审核汇总，报财政部门审批，按批复结果调整单位的账务。这使得事业单位的决算管理工作步入程序化、规范化和标准化管理轨道。

新《事业单位财务规则》进一步完善了事业单位预算管理制度，增强了事业单位结存和剩余资金的管理，避免资金闲置和结存的情况发生，保障了事业单位的资金合理规范的使用，大大提高了事业单位对闲置资金的使用效率，同时，在资产管理与预算管理问题上，明确强调了事业单位资产管理与预算管理相结合的重要性，突出了预算管理制度在事业单位财务制度上的主体位置。

（6）引入权责发生制会计核算基础

事业单位会计核算一般采用收付实现制，不能准确、全面地核算事业单位的财务收支和经济业务。新《事业单位财务规则》，针对高校、医药等行业实行成本核算和绩效管理的需要，在行业事业单位财务管理制度中引入权责发生制，按照实质重于形式的原则，收付实现制与权责发生制并用，则可以全面真实地反映单位的资产和负债，有助于更好地加强财务管理，如实反映单位的业务收支及结余情况，有助于准确地进行成本核算，考核业务成果、制定收费标准、筹划资金来源、进行经营决策，反映单位的资金运行全貌，有利于对事业单位资金使用情况进行综合评比，更加准确真实地提供财务会计信息，及时揭示财务风险。

4. 执行要求

（1）高度重视，充分认识贯彻《事业单位财务规则》的重要意义

《事业单位财务规则》对于规范事业单位财务行为、加强基础工作、促进财务管理、推动事业发展，具有十分重要的意义。各地方各部门要高度重视，把学习宣传和贯彻实施《事业单位财务规则》摆上重要议事日程，切实加强组织领导，结合实际提出具体要求，及时了解学习贯彻情况，总结推广经验，扎扎实实地做好学习贯彻的各项工作，确保《事业单位财务规则》顺利实施。

（2）认真组织，确保培训工作落实到位

《事业单位财务规则》作为事业单位财务的一项基本制度，涉及面广，内容较多，学习培训的任务十分繁重。各地方各部门要按照分级负责的原则，结合自身实际制定培训方案，确保事业单位的学习培训工作落到实处。事业单位主要负责同志要带头参加培训，主管领导和财会人员都要积极参加培训。财政部组织《事业单位财务规则》起草小组指导各地方各部门开展学习培训工作。

（3）加强研究，加快制定行业事业单位财务制度

事业单位涉及十几个行业，情况比较复杂。对于行业特点突出，需要修订或制定行业事业单位财务制度的，财政部将会同有关主管部门尽快修订或制定。此次修订或制定，要按照《事业单位财务规则》的规定，充分体现行业特点和特殊需求。同时，各地方各部门要指导所属各级各类事业单位根据《事业单位财务规则》及行业事业单位财务制度的要求，制定内部财务管理办法。

（4）以学习贯彻《事业单位财务规则》为契机，全面推进事业单位科学化、精细化管理

各地方各部门要以《事业单位财务规则》颁发为契机，全面推进事业单位科学化、精细化管理，努力做到五个"全面"：全面检查所属事业单位财务制度建设、财务管理、人员素质等基础情况，全面完善事业单位内部财务管理办法，全面加强事业单位财务的基础管理工作，全面增强财会人员的业务素质，全面提升事业单位财务管理水平。

（二）政府会计准则——基本准则

1. 出台背景

多年来，我国在政府会计领域实行的是以收付实现制为核算基础的预算会计体系，主要包括财政总预算会计、行政事业单位会计等。这一体系是适应财政预算管理的要求建立和逐步发展起来的，为财政资金的运行管理和宏观经济决策发挥了重要的基础性作用。然而，随着经济社会发展，预算会计体系难以适应新形势、新情况的需要，主要表现为：一是不能如实反映政府"家底"，不利于政府加强资产负债管理；二是不能客观反映政府运行成本，不利于科学评价政府的运营绩效；三是缺乏统一、规范的政府会计体系，不能提供信息准确完整的政府财务报告。近年来，全国人大代表、有关专家等纷纷呼吁，要求加快推进政府会计改革，建立能够真实反映政府"家底"、绩效及预算执行情况的政府会计体系，审计署也提出了相关建议。与此同时，国际上一些发达国家都不同程度地进行了权责发生制政府会计改革，取得了较好的效果。

党的十八届三中全会《决定》提出了"建立权责发生制的政府综合财务报告制度"的重要战略部署，新《预算法》也对各级政府财政部门按年度编制以权责发生制为基础的政府综合财务报告提出了明确要求。2014 年 12 月，国务院批转了财政部制定的《权责发生制政府综合财务报告制度改革方案》（国发〔2014〕63 号，以下称《改革方案》），确立了政府会计改革的指导思想、总体目标、基本原则、主要任务、具体内容、配套措施、实施步骤和组织保障。《改革方案》提出，权责发生制政府综合财务报告制度改革是基于政府会计规则的重大改革，其前提和基础就是要构建统一、科学、规范的政府会计准则体系，包括制定政府会计基本准则、具体准则及应用指南和健全完善政府会计制度，其中，制定出台《基本准则》是《改革方案》确定的 2015 年应完成的一项重要任务。

财政部高度重视政府会计准则建设工作，多年来，在推动政府会计理论研究、开展国际经验交流、人才培养等方面开展了一系列工作，并通过行政事业单位会计准则制度修订、政府会计改革试点等，为政府会计准则体系建设奠定了坚实的基础。为了积极贯彻落实党的十八届三中全会精神，加快推进政府会计改革，构建统一、科学、规范的政府会计标准体系和权责发生制政府综合财务报告制度，2015 年 10 月 23 日，时任财政部部长楼继伟签署财政部令第 78 号公布《政府会计准则——基本准则》，自 2017 年 1 月 1 日起施行。

2. 内容

《政府会计准则——基本准则》具体内容如下：

政府会计准则——基本准则

第一章 总则

第一条 为了规范政府的会计核算，保证会计信息质量，根据《中华人民共和国会计法》、《中华人民共和国预算法》和其他有关法律、行政法规，制定本准则。

第二条 本准则适用于各级政府、各部门、各单位（以下统称政府会计主体）。

前款所称各部门、各单位是指与本级政府财政部门直接或者间接发生预算拨款关系的国家机关、军队、政党组织、社会团体、事业单位和其他单位。

军队、已纳入企业财务管理体系的单位和执行《民间非营利组织会计制度》的社会团体，不适用本准则。

第三条 政府会计由预算会计和财务会计构成。

预算会计实行收付实现制，国务院另有规定的，依照其规定。

财务会计实行权责发生制。

第四条　政府会计具体准则及其应用指南、政府会计制度等，应当由财政部遵循本准则制定。

第五条　政府会计主体应当编制决算报告和财务报告。

决算报告的目标是向决算报告使用者提供与政府预算执行情况有关的信息，综合反映政府会计主体预算收支的年度执行结果，有助于决算报告使用者进行监督和管理，并为编制后续年度预算提供参考和依据。政府决算报告使用者包括各级人民代表大会及其常务委员会、各级政府及其有关部门、政府会计主体自身、社会公众和其他利益相关者。

财务报告的目标是向财务报告使用者提供与政府的财务状况、运行情况（含运行成本，下同）和现金流量等有关信息，反映政府会计主体公共受托责任履行情况，有助于财务报告使用者作出决策或者进行监督和管理。政府财务报告使用者包括各级人民代表大会常务委员会、债权人、各级政府及其有关部门、政府会计主体自身和其他利益相关者。

第六条　政府会计主体应当对其自身发生的经济业务或者事项进行会计核算。

第七条　政府会计核算应当以政府会计主体持续运行为前提。

第八条　政府会计核算应当划分会计期间，分期结算账目，按规定编制决算报告和财务报告。

会计期间至少分为年度和月度。会计年度、月度等会计期间的起讫日期采用公历日期。

第九条　政府会计核算应当以人民币作为记账本位币。发生外币业务时，应当将有关外币金额折算为人民币金额计量，同时登记外币金额。

第十条　政府会计核算应当采用借贷记账法记账。

第二章　政府会计信息质量要求

第十一条　政府会计主体应当以实际发生的经济业务或者事项为依据进行会计核算，如实反映各项会计要素的情况和结果，保证会计信息真实可靠。

第十二条　政府会计主体应当将发生的各项经济业务或者事项统一纳入会计核算，确保会计信息能够全面反映政府会计主体预算执行情况和财务状况、运行情况、现金流量等。

第十三条　政府会计主体提供的会计信息，应当与反映政府会计主体公共受托责任履行情况以及报告使用者决策或者监督、管理的需要相关，有助于报告使用者对政府会计主体过去、现在或者未来的情况作出评价或者预测。

第十四条　政府会计主体对已经发生的经济业务或者事项，应当及时进行会计核算，不得提前或者延后。

第十五条　政府会计主体提供的会计信息应当具有可比性。

同一政府会计主体不同时期发生的相同或者相似的经济业务或者事项，应当采用一致的会计政策，不得随意变更。确需变更的，应当将变更的内容、理由及其影响在附注中予以说明。

不同政府会计主体发生的相同或者相似的经济业务或者事项，应当采用一致的会计政策，确保政府会计信息口径一致，相互可比。

第十六条　政府会计主体提供的会计信息应当清晰明了，便于报告使用者理解和使用。

第十七条　政府会计主体应当按照经济业务或者事项的经济实质进行会计核算，不限于以经济业务或者事项的法律形式为依据。

第三章　政府预算会计要素

第十八条　政府预算会计要素包括预算收入、预算支出与预算结余。

第十九条　预算收入是指政府会计主体在预算年度内依法取得的并纳入预算管理的现金流入。

第二十条　预算收入一般在实际收到时予以确认，以实际收到的金额计量。

第二十一条　预算支出是指政府会计主体在预算年度内依法发生并纳入预算管理的现金流出。

第二十二条　预算支出一般在实际支付时予以确认，以实际支付的金额计量。

第二十三条　预算结余是指政府会计主体预算年度内预算收入扣除预算支出后的资金余额，以及历年滚存的资金余额。

第二十四条　预算结余包括结余资金和结转资金。

结余资金是指年度预算执行终了，预算收入实际完成数扣除预算支出和结转资金后剩余的资金。

结转资金是指预算安排项目的支出年终尚未执行完毕或者因故未执行，且下年需要按原用途继续使用的资金。

第二十五条　符合预算收入、预算支出和预算结余定义及其确认条件的项目应当列入政府决算报表。

第四章　政府财务会计要素

第二十六条　政府财务会计要素包括资产、负债、净资产、收入和费用。

第一节 资 产

第二十七条 资产是指政府会计主体过去的经济业务或者事项形成的，由政府会计主体控制的，预期能够产生服务潜力或者带来经济利益流入的经济资源。

服务潜力是指政府会计主体利用资产提供公共产品和服务以履行政府职能的潜在能力。

经济利益流入表现为现金及现金等价物的流入，或者现金及现金等价物流出的减少。

第二十八条 政府会计主体的资产按照流动性，分为流动资产和非流动资产。

流动资产是指预计在1年内（含1年）耗用或者可以变现的资产，包括货币资金、短期投资、应收及预付款项、存货等。

非流动资产是指流动资产以外的资产，包括固定资产、在建工程、无形资产、长期投资、公共基础设施、政府储备资产、文物文化资产、保障性住房和自然资源资产等。

第二十九条 符合本准则第二十七条规定的资产定义的经济资源，在同时满足以下条件时，确认为资产：

（一）与该经济资源相关的服务潜力很可能实现或者经济利益很可能流入政府会计主体；

（二）该经济资源的成本或者价值能够可靠地计量。

第三十条 资产的计量属性主要包括历史成本、重置成本、现值、公允价值和名义金额。

在历史成本计量下，资产按照取得时支付的现金金额或者支付对价的公允价值计量。

在重置成本计量下，资产按照现在购买相同或者相似资产所需支付的现金金额计量。

在现值计量下，资产按照预计从其持续使用和最终处置中所产生的未来净现金流入量的折现金额计量。

在公允价值计量下，资产按照市场参与者在计量日发生的有序交易中，出售资产所能收到的价格计量。

无法采用上述计量属性的，采用名义金额（即人民币1元）计量。

第三十一条 政府会计主体在对资产进行计量时，一般应当采用历史成本。采用重置成本、现值、公允价值计量的，应当保证所确定的资产金额能够持续、可靠计量。

第三十二条 符合资产定义和资产确认条件的项目，应当列入资产负债表。

第二节 负债

第三十三条 负债是指政府会计主体过去的经济业务或者事项形成的，预期会导致经济资源流出政府会计主体的现时义务。

现时义务是指政府会计主体在现行条件下已承担的义务。未来发生的经济业务或者事项形成的义务不属于现时义务，不应当确认为负债。

第三十四条 政府会计主体的负债按照流动性，分为流动负债和非流动负债。

流动负债是指预计在1年内（含1年）偿还的负债，包括应付及预收款项、应付职工薪酬、应缴款项等。

非流动负债是指流动负债以外的负债，包括长期应付款、应付政府债券和政府依法担保形成的债务等。

第三十五条 符合本准则第三十三条规定的负债定义的义务，在同时满足以下条件时，确认为负债：

（一）履行该义务很可能导致含有服务潜力或者经济利益的经济资源流出政府会计主体；

（二）该义务的金额能够可靠地计量。

第三十六条 负债的计量属性主要包括历史成本、现值和公允价值。

在历史成本计量下，负债按照因承担现时义务而实际收到的款项或者资产的金额，或者承担现时义务的合同金额，或者按照为偿还负债预期需要支付的现金计量。

在现值计量下，负债按照预计期限内需要偿还的未来净现金流出量的折现金额计量。

在公允价值计量下，负债按照市场参与者在计量日发生的有序交易中，转移负债所需支付的价格计量。

第三十七条 政府会计主体在对负债进行计量时，一般应当采用历史成本。

采用现值、公允价值计量的，应当保证所确定的负债金额能够持续、可靠计量。

第三十八条 符合负债定义和负债确认条件的项目，应当列入资产负债表。

第三节 净资产

第三十九条 净资产是指政府会计主体资产扣除负债后的净额。

第四十条 净资产金额取决于资产和负债的计量。

第四十一条　净资产项目应当列入资产负债表。

第四节　收入

第四十二条　收入是指报告期内导致政府会计主体净资产增加的、含有服务潜力或者经济利益的经济资源的流入。

第四十三条　收入的确认应当同时满足以下条件：

（一）与收入相关的含有服务潜力或者经济利益的经济资源很可能流入政府会计主体；

（二）含有服务潜力或者经济利益的经济资源流入会导致政府会计主体资产增加或者负债减少；

（三）流入金额能够可靠地计量。

第四十四条　符合收入定义和收入确认条件的项目，应当列入收入费用表。

第五节　费用

第四十五条　费用是指报告期内导致政府会计主体净资产减少的、含有服务潜力或者经济利益的经济资源的流出。

第四十六条　费用的确认应当同时满足以下条件：

（一）与费用相关的含有服务潜力或者经济利益的经济资源很可能流出政府会计主体；

（二）含有服务潜力或者经济利益的经济资源流出会导致政府会计主体资产减少或者负债增加；

（三）流出金额能够可靠地计量。

第四十七条　符合费用定义和费用确认条件的项目，应当列入收入费用表。

第五章　政府决算报告和财务报告

第四十八条　政府决算报告是综合反映政府会计主体年度预算收支执行结果的文件。

政府决算报告应当包括决算报表和其他应当在决算报告中反映的相关信息和资料。

政府决算报告的具体内容及编制要求等，由财政部另行规定。

第四十九条　政府财务报告是反映政府会计主体某一特定日期的财务状况和某一会计期间的运行情况和现金流量等信息的文件。

政府财务报告应当包括财务报表和其他应当在财务报告中披露的相关信息和资料。

第五十条　政府财务报告包括政府综合财务报告和政府部门财务报告。

政府综合财务报告是指由政府财政部门编制的，反映各级政府整体财务状况、运行情况和财政中长期可持续性的报告。

政府部门财务报告是指政府各部门、各单位按规定编制的财务报告。

第五十一条　财务报表是对政府会计主体财务状况、运行情况和现金流量等信息的结构性表述。

财务报表包括会计报表和附注。

会计报表至少应当包括资产负债表、收入费用表和现金流量表。

政府会计主体应当根据相关规定编制合并财务报表。

第五十二条　资产负债表是反映政府会计主体在某一特定日期的财务状况的报表。

第五十三条　收入费用表是反映政府会计主体在一定会计期间运行情况的报表。

第五十四条　现金流量表是反映政府会计主体在一定会计期间现金及现金等价物流入和流出情况的报表。

第五十五条　附注是对在资产负债表、收入费用表、现金流量表等报表中列示项目所作的进一步说明，以及对未能在这些报表中列示项目的说明。

第五十六条　政府决算报告的编制主要以收付实现制为基础，以预算会计核算生成的数据为准。

政府财务报告的编制主要以权责发生制为基础，以财务会计核算生成的数据为准。

第六章　附则

第五十七条　本准则所称会计核算，包括会计确认、计量、记录和报告各个环节，涵盖填制会计凭证、登记会计账簿、编制报告全过程。

第五十八条　本准则所称预算会计，是指以收付实现制为基础对政府会计主体预算执行过程中发生的全部收入和全部支出进行会计核算，主要反映和监督预算收支执行情况的会计。

第五十九条　本准则所称财务会计，是指以权责发生制为基础对政府会计主体发生的各项经济业务或者事项进行会计核算，主要反映和监督政府会计主体财务状况、运行情况和现金流量等的会计。

第六十条　本准则所称收付实现制，是指以现金的实际收付为标志来确定本期收入和支出的会计核算基础。凡在当期实际收到的现金收入和支出，均应作为当期的收入和支出；凡是不属于当期的现金收入和支出，均不应当作为当期的收入和支出。

第六十一条　本准则所称权责发生制，是指以取得收取款项的权利或支付款项的义务为标志来确定本期收入和费用的会计核算基础。凡是当期已经实现的收入和已经发生的或应当负担的费用，不论款项是否收付，都应当作为当期的收入和费用；凡是不属于当期的收入和费用，即使款项已在当期收付，也不应当作为当期的收入和费用。

第六十二条 本准则自 2017 年 1 月 1 日起施行。

3. 特点

（1）构建了政府预算会计和财务会计适度分离并相互衔接的政府会计核算体系

相对于实行多年的预算会计核算体系，《基本准则》强化了政府财务会计核算，即政府会计由预算会计和财务会计构成，前者一般实行收付实现制，后者实行权责发生制。通过预算会计核算形成决算报告，通过财务会计核算形成财务报告，全面、清晰反映政府预算执行信息和财务信息。

（2）确立了"3+5 要素"的会计核算模式

《基本准则》规定预算收入、预算支出和预算结余 3 个预算会计要素和资产、负债、净资产、收入和费用 5 个财务会计要素。其中，首次提出收入、费用两个要素，有别于之前预算会计中的收入和支出要素，主要是为了准确反映政府会计主体的运行成本，科学评价政府资源管理能力和绩效。同时，按照政府会计改革最新理论成果对资产、负债要素进行了重新定义。

（3）科学界定了会计要素的定义和确认标准

《基本准则》针对每个会计要素，规范了其定义和确认标准，为在政府会计具体准则和政府会计制度层面规范政府发生的经济业务或事项的会计处理提供了基本原则，保证了政府会计标准体系的内在一致性。特别是，《基本准则》对政府资产和负债进行界定时，充分考虑了当前财政管理的需要，比如，在界定政府资产时，特别强调了"服务潜力"，除了自用的固定资产等以外，将公共基础设施、政府储备资产、文化文物资产、保障性住房和自然资源资产等纳入政府会计核算范围；对政府负债进行界定时，强调了"现时义务"，将政府因承担担保责任而产生的预计负债也纳入会计核算范围。

（4）明确了资产和负债的计量属性及其应用原则

《基本准则》提出，资产的计量属性主要包括历史成本、重置成本、现值、公允价值和名义金额，负债的计量属性主要包括历史成本、现值和公允价值。同时，《基本准则》强调了历史成本计量原则，即政府会计主体对资产和负债进行计量时，一般应当采用历史成本。采用其他计量属性的，应当保证所确定的金额能够持续、可靠计量。这样规定，既体现了资产负债计量的前瞻性，也充分考虑了政府会计实务的现状。

（5）构建了政府财务报告体系

《基本准则》要求政府会计主体除按财政部要求编制决算报表外，至少还应编制资产负债表、收入费用表和现金流量表，并按规定编制合并财务报表。同时强调，政府财务报告包括政府综合财务报告和政府部门财务报告，构建了满足现代财政制度需要的政府财务报告体系。

4. 执行要求

《基本准则》相对于之前的预算会计制度，在会计理念、核算基础、会计处理原则和报告披露要求等诸多方面都有较大的变化，要求各单位充分认识《基本准则》发布实施的重要意义，高度重视，强化领导，精心组织，积极做好贯彻实施工作。

一是要强化单位负责人的责任意识，制定详细的实施方案，明确目标，落实责任，加强监督，确保认识到位、组织到位、人员到位、工作到位。

二是要组织好《基本准则》的学习、宣传和培训工作，确保单位财会及相关人员全面理解《基本准则》，准确掌握《基本准则》的精神、原则和各项具体规定。

三是要加强单位会计信息系统建设，结合政府具体会计准则和政府会计制度的出台，及时调整和更新会计信息系统。

四是要规范和加强单位预算管理、财务管理和资产管理，扎实开展资产清查工作，积极推进预算绩效管理和绩效评价工作。

此外，要以《基本准则》实施为契机，进一步重视和加强单位内部控制建设，使之成为管控风险、防范舞弊、提高会计信息质量、保证资产安全完整的"防火墙"，确保《基本准则》及其相关具体准则和制度的顺利实施。

（三）预算法

1. 出台背景

《中华人民共和国预算法》是为了规范政府收支行为，强化预算约束，加强对预算的管理和监督，建立健全全面规范、公开透明的预算制度，保障经济社会的健康发展，根据宪法制定的法律。1994 年 3 月 22 日第八届全国人民代表大会第二次会议通过，并于 1995 年 1 月 1 日起施行。

历经四次审议，第十二届全国人民代表大会常务委员会第十次会议在 2014

年 8 月 31 日表决通过了《全国人大常委会关于修改〈预算法〉的决定》，并决议于 2015 年 1 月 1 日起施行。至此，预算法在出台 20 年后，终于完成了首次修改。

最新版本是根据 2018 年 12 月 29 日第十三届全国人民代表大会常务委员会第七次会议《关于修改〈中华人民共和国产品质量法〉等五部法律的决定》修正，自公布之日起施行。

2. 内容

《中华人民共和国预算法》具体内容如下：

中华人民共和国预算法

第一章　总则

第一条　为了规范政府收支行为，强化预算约束，加强对预算的管理和监督，建立健全全面规范、公开透明的预算制度，保障经济社会的健康发展，根据宪法，制定本法。

第二条　预算、决算的编制、审查、批准、监督，以及预算的执行和调整，依照本法规定执行。

第三条　国家实行一级政府一级预算，设立中央，省、自治区、直辖市，设区的市、自治州，县、自治县、不设区的市、市辖区，乡、民族乡、镇五级预算。

全国预算由中央预算和地方预算组成。地方预算由各省、自治区、直辖市总预算组成。

地方各级总预算由本级预算和汇总的下一级总预算组成；下一级只有本级预算的，下一级总预算即指下一级的本级预算。没有下一级预算的，总预算即指本级预算。

第四条　预算由预算收入和预算支出组成。

政府的全部收入和支出都应当纳入预算。

第五条　预算包括一般公共预算、政府性基金预算、国有资本经营预算、社会保险基金预算。

一般公共预算、政府性基金预算、国有资本经营预算、社会保险基金预算应当保持完整、独立。政府性基金预算、国有资本经营预算、社会保险基金预算应当与一般公共预算相衔接。

第六条　一般公共预算是对以税收为主体的财政收入，安排用于保障和改善民生、推动经济社会发展、维护国家安全、维持国家机构正常运转等方面的收支预算。

中央一般公共预算包括中央各部门（含直属单位，下同）的预算和中央对地方的税收返还、转移支付预算。

中央一般公共预算收入包括中央本级收入和地方向中央的上解收入。中央一般公共预算支出包括中央本级支出、中央对地方的税收返还和转移支付。

第七条　地方各级一般公共预算包括本级各部门（含直属单位，下同）的预算和税收返还、转移支付预算。

地方各级一般公共预算收入包括地方本级收入、上级政府对本级政府的税收返还和转移支付、下级政府的上解收入。地方各级一般公共预算支出包括地方本级支出、对上级政府的上解支出、对下级政府的税收返还和转移支付。

第八条　各部门预算由本部门及其所属各单位预算组成。

第九条　政府性基金预算是对依照法律、行政法规的规定在一定期限内向特定对象征收、收取或者以其他方式筹集的资金，专项用于特定公共事业发展的收支预算。

政府性基金预算应当根据基金项目收入情况和实际支出需要，按基金项目编制，做到以收定支。

第十条　国有资本经营预算是对国有资本收益作出支出安排的收支预算。

国有资本经营预算应当按照收支平衡的原则编制，不列赤字，并安排资金调入一般公共预算。

第十一条　社会保险基金预算是对社会保险缴款、一般公共预算安排和其他方式筹集的资金，专项用于社会保险的收支预算。

社会保险基金预算应当按照统筹层次和社会保险项目分别编制，做到收支平衡。

第十二条　各级预算应当遵循统筹兼顾、勤俭节约、量力而行、讲求绩效和收支平衡的原则。

各级政府应当建立跨年度预算平衡机制。

第十三条　经人民代表大会批准的预算，非经法定程序，不得调整。各级政府、各部门、各单位的支出必须以经批准的预算为依据，未列入预算的不得支出。

第十四条　经本级人民代表大会或者本级人民代表大会常务委员会批准的预算、预算调整、决算、预算执行情况的报告及报表，应当在批准后二十日内由本级政府财政部门向社会公开，并对本级政府财政转移支付安排、执行的情况以及举借债务的情况等重要事项作出说明。

经本级政府财政部门批复的部门预算、决算及报表，应当在批复后二十日

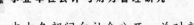

内由各部门向社会公开，并对部门预算、决算中机关运行经费的安排、使用情况等重要事项作出说明。

各级政府、各部门、各单位应当将政府采购的情况及时向社会公开。

本条前三款规定的公开事项，涉及国家秘密的除外。

第十五条　国家实行中央和地方分税制。

第十六条　国家实行财政转移支付制度。财政转移支付应当规范、公平、公开，以推进地区间基本公共服务均等化为主要目标。

财政转移支付包括中央对地方的转移支付和地方上级政府对下级政府的转移支付，以为均衡地区间基本财力、由下级政府统筹安排使用的一般性转移支付为主体。

按照法律、行政法规和国务院的规定可以设立专项转移支付，用于办理特定事项。建立健全专项转移支付定期评估和退出机制。市场竞争机制能够有效调节的事项不得设立专项转移支付。

上级政府在安排专项转移支付时，不得要求下级政府承担配套资金。但是，按照国务院的规定应当由上下级政府共同承担的事项除外。

第十七条　各级预算的编制、执行应当建立健全相互制约、相互协调的机制。

第十八条　预算年度自公历一月一日起，至十二月三十一日止。

第十九条　预算收入和预算支出以人民币元为计算单位。

第二章　预算管理职权

第二十条　全国人民代表大会审查中央和地方预算草案及中央和地方预算执行情况的报告；批准中央预算和中央预算执行情况的报告；改变或者撤销全国人民代表大会常务委员会关于预算、决算的不适当的决议。

全国人民代表大会常务委员会监督中央和地方预算的执行；审查和批准中央预算的调整方案；审查和批准中央决算；撤销国务院制定的同宪法、法律相抵触的关于预算、决算的行政法规、决定和命令；撤销省、自治区、直辖市人民代表大会及其常务委员会制定的同宪法、法律和行政法规相抵触的关于预算、决算的地方性法规和决议。

第二十一条　县级以上地方各级人民代表大会审查本级总预算草案及本级总预算执行情况的报告；批准本级预算和本级预算执行情况的报告；改变或者撤销本级人民代表大会常务委员会关于预算、决算的不适当的决议；撤销本级政府关于预算、决算的不适当的决定和命令。

县级以上地方各级人民代表大会常务委员会监督本级总预算的执行；审查

和批准本级预算的调整方案；审查和批准本级决算；撤销本级政府和下一级人民代表大会及其常务委员会关于预算、决算的不适当的决定、命令和决议。

乡、民族乡、镇的人民代表大会审查和批准本级预算和本级预算执行情况的报告；监督本级预算的执行；审查和批准本级预算的调整方案；审查和批准本级决算；撤销本级政府关于预算、决算的不适当的决定和命令。

第二十二条　全国人民代表大会财政经济委员会对中央预算草案初步方案及上一年预算执行情况、中央预算调整初步方案和中央决算草案进行初步审查，提出初步审查意见。

省、自治区、直辖市人民代表大会有关专门委员会对本级预算草案初步方案及上一年预算执行情况、本级预算调整初步方案和本级决算草案进行初步审查，提出初步审查意见。

设区的市、自治州人民代表大会有关专门委员会对本级预算草案初步方案及上一年预算执行情况、本级预算调整初步方案和本级决算草案进行初步审查，提出初步审查意见，未设立专门委员会的，由本级人民代表大会常务委员会有关工作机构研究提出意见。

县、自治县、不设区的市、市辖区人民代表大会常务委员会对本级预算草案初步方案及上一年预算执行情况进行初步审查，提出初步审查意见。县、自治县、不设区的市、市辖区人民代表大会常务委员会有关工作机构对本级预算调整初步方案和本级决算草案研究提出意见。

设区的市、自治州以上各级人民代表大会有关专门委员会进行初步审查、常务委员会有关工作机构研究提出意见时，应当邀请本级人民代表大会代表参加。

对依照本条第一款至第四款规定提出的意见，本级政府财政部门应当将处理情况及时反馈。

依照本条第一款至第四款规定提出的意见以及本级政府财政部门反馈的处理情况报告，应当印发本级人民代表大会代表。

全国人民代表大会常务委员会和省、自治区、直辖市、设区的市、自治州人民代表大会常务委员会有关工作机构，依照本级人民代表大会常务委员会的决定，协助本级人民代表大会财政经济委员会或者有关专门委员会承担审查预算草案、预算调整方案、决算草案和监督预算执行等方面的具体工作。

第二十三条　国务院编制中央预算、决算草案；向全国人民代表大会作关于中央和地方预算草案的报告；将省、自治区、直辖市政府报送备案的预算汇总后报全国人民代表大会常务委员会备案；组织中央和地方预算的执行；决定中央预算预备费的动用；编制中央预算调整方案；监督中央各部门和地方政府的预算执行；改变或者撤销中央各部门和地方政府关于预算、决算的不适当的决定、命令；向全国人民代表大会、全国人民代表大会常务委员会报告中央和地方预算的执行情况。

第二十四条　县级以上地方各级政府编制本级预算、决算草案；向本级人民代表大会作关于本级总预算草案的报告；将下一级政府报送备案的预算汇总后报本级人民代表大会常务委员会备案；组织本级总预算的执行；决定本级预算预备费的动用；编制本级预算的调整方案；监督本级各部门和下级政府的预算执行；改变或者撤销本级各部门和下级政府关于预算、决算的不适当的决定、命令；向本级人民代表大会、本级人民代表大会常务委员会报告本级总预算的执行情况。

乡、民族乡、镇政府编制本级预算、决算草案；向本级人民代表大会作关于本级预算草案的报告；组织本级预算的执行；决定本级预算预备费的动用；编制本级预算的调整方案；向本级人民代表大会报告本级预算的执行情况。

经省、自治区、直辖市政府批准，乡、民族乡、镇本级预算草案、预算调整方案、决算草案，可以由上一级政府代编，并依照本法第二十一条的规定报乡、民族乡、镇的人民代表大会审查和批准。

第二十五条　国务院财政部门具体编制中央预算、决算草案；具体组织中央和地方预算的执行；提出中央预算预备费动用方案；具体编制中央预算的调整方案；定期向国务院报告中央和地方预算的执行情况。

地方各级政府财政部门具体编制本级预算、决算草案；具体组织本级总预算的执行；提出本级预算预备费动用方案；具体编制本级预算的调整方案；定期向本级政府和上一级政府财政部门报告本级总预算的执行情况。

第二十六条　各部门编制本部门预算、决算草案；组织和监督本部门预算的执行；定期向本级政府财政部门报告预算的执行情况。

各单位编制本单位预算、决算草案；按照国家规定上缴预算收入，安排预算支出，并接受国家有关部门的监督。

第三章　预算收支范围

第二十七条　一般公共预算收入包括各项税收收入、行政事业性收费收入、国有资源（资产）有偿使用收入、转移性收入和其他收入。

一般公共预算支出按照其功能分类，包括一般公共服务支出，外交、公共安全、国防支出，农业、环境保护支出，教育、科技、文化、卫生、体育支出，社会保障及就业支出和其他支出。

一般公共预算支出按照其经济性质分类，包括工资福利支出、商品和服务支出、资本性支出和其他支出。

第二十八条　政府性基金预算、国有资本经营预算和社会保险基金预算的收支范围，按照法律、行政法规和国务院的规定执行。

第二十九条　中央预算与地方预算有关收入和支出项目的划分、地方向中央上解收入、中央对地方税收返还或者转移支付的具体办法，由国务院规定，报全国人民代表大会常务委员会备案。

第三十条　上级政府不得在预算之外调用下级政府预算的资金。下级政府不得挤占或者截留属于上级政府预算的资金。

<h3 style="text-align:center">第四章　预算编制</h3>

第三十一条　国务院应当及时下达关于编制下一年预算草案的通知。编制预算草案的具体事项由国务院财政部门部署。

各级政府、各部门、各单位应当按照国务院规定的时间编制预算草案。

第三十二条　各级预算应当根据年度经济社会发展目标、国家宏观调控总体要求和跨年度预算平衡的需要，参考上一年预算执行情况、有关支出绩效评价结果和本年度收支预测，按照规定程序征求各方面意见后，进行编制。

各级政府依据法定权限作出决定或者制定行政措施，凡涉及增加或者减少财政收入或者支出的，应当在预算批准前提出并在预算草案中作出相应安排。

各部门、各单位应当按照国务院财政部门制定的政府收支分类科目、预算支出标准和要求，以及绩效目标管理等预算编制规定，根据其依法履行职能和事业发展的需要以及存量资产情况，编制本部门、本单位预算草案。

前款所称政府收支分类科目，收入分为类、款、项、目；支出按其功能分类分为类、款、项，按其经济性质分类分为类、款。

第三十三条　省、自治区、直辖市政府应当按照国务院规定的时间，将本级总预算草案报国务院审核汇总。

第三十四条　中央一般公共预算中必需的部分资金，可以通过举借国内和国外债务等方式筹措，举借债务应当控制适当的规模，保持合理的结构。

对中央一般公共预算中举借的债务实行余额管理，余额的规模不得超过全国人民代表大会批准的限额。

国务院财政部门具体负责对中央政府债务的统一管理。

第三十五条　地方各级预算按照量入为出、收支平衡的原则编制，除本法另有规定外，不列赤字。

经国务院批准的省、自治区、直辖市的预算中必需的建设投资的部分资金，可以在国务院确定的限额内，通过发行地方政府债券举借债务的方式筹措。举借债务的规模，由国务院报全国人民代表大会或者全国人民代表大会常务委员会批准。省、自治区、直辖市依照国务院下达的限额举借的债务，列入本级预算调整方案，报本级人民代表大会常务委员会批准。举借的债务应当有偿还计划和稳定的偿还资金来源，只能用于公益性资本支出，不得用于经常性支出。

除前款规定外，地方政府及其所属部门不得以任何方式举借债务。

除法律另有规定外，地方政府及其所属部门不得为任何单位和个人的债务以任何方式提供担保。

国务院建立地方政府债务风险评估和预警机制、应急处置机制以及责任追究制度。国务院财政部门对地方政府债务实施监督。

第三十六条　各级预算收入的编制，应当与经济社会发展水平相适应，与财政政策相衔接。

各级政府、各部门、各单位应当依照本法规定，将所有政府收入全部列入预算，不得隐瞒、少列。

第三十七条　各级预算支出应当依照本法规定，按其功能和经济性质分类编制。

各级预算支出的编制，应当贯彻勤俭节约的原则，严格控制各部门、各单位的机关运行经费和楼堂馆所等基本建设支出。

各级一般公共预算支出的编制，应当统筹兼顾，在保证基本公共服务合理需要的前提下，优先安排国家确定的重点支出。

第三十八条　一般性转移支付应当按照国务院规定的基本标准和计算方法编制。专项转移支付应当分地区、分项目编制。

县级以上各级政府应当将对下级政府的转移支付预计数提前下达下级政府。

地方各级政府应当将上级政府提前下达的转移支付预计数编入本级预算。

第三十九条　中央预算和有关地方预算中应当安排必要的资金，用于扶助革命老区、民族地区、边疆地区、贫困地区发展经济社会建设事业。

第四十条　各级一般公共预算应当按照本级一般公共预算支出额的百分之一至百分之三设置预备费，用于当年预算执行中的自然灾害等突发事件处理增加的支出及其他难以预见的开支。

第四十一条　各级一般公共预算按照国务院的规定可以设置预算周转金，用于本级政府调剂预算年度内季节性收支差额。

各级一般公共预算按照国务院的规定可以设置预算稳定调节基金，用于弥补以后年度预算资金的不足。

第四十二条 各级政府上一年预算的结转资金，应当在下一年用于结转项目的支出；连续两年未用完的结转资金，应当作为结余资金管理。

各部门、各单位上一年预算的结转、结余资金按照国务院财政部门的规定办理。

第五章 预算审查和批准

第四十三条 中央预算由全国人民代表大会审查和批准。

地方各级预算由本级人民代表大会审查和批准。

第四十四条 国务院财政部门应当在每年全国人民代表大会会议举行的四十五日前，将中央预算草案的初步方案提交全国人民代表大会财政经济委员会进行初步审查。

省、自治区、直辖市政府财政部门应当在本级人民代表大会会议举行的三十日前，将本级预算草案的初步方案提交本级人民代表大会有关专门委员会进行初步审查。

设区的市、自治州政府财政部门应当在本级人民代表大会会议举行的三十日前，将本级预算草案的初步方案提交本级人民代表大会有关专门委员会进行初步审查，或者送交本级人民代表大会常务委员会有关工作机构征求意见。

县、自治县、不设区的市、市辖区政府应当在本级人民代表大会会议举行的三十日前，将本级预算草案的初步方案提交本级人民代表大会常务委员会进行初步审查。

第四十五条 县、自治县、不设区的市、市辖区、乡、民族乡、镇的人民代表大会举行会议审查预算草案前，应当采用多种形式，组织本级人民代表大会代表，听取选民和社会各界的意见。

第四十六条 报送各级人民代表大会审查和批准的预算草案应当细化。本级一般公共预算支出，按其功能分类应当编列到项；按其经济性质分类，基本支出应当编列到款。本级政府性基金预算、国有资本经营预算、社会保险基金预算支出，按其功能分类应当编列到项。

第四十七条 国务院在全国人民代表大会举行会议时，向大会作关于中央和地方预算草案以及中央和地方预算执行情况的报告。

地方各级政府在本级人民代表大会举行会议时，向大会作关于总预算草案和总预算执行情况的报告。

第四十八条 全国人民代表大会和地方各级人民代表大会对预算草案及其报告、预算执行情况的报告重点审查下列内容：

（一）上一年预算执行情况是否符合本级人民代表大会预算决议的要求；

（二）预算安排是否符合本法的规定；

（三）预算安排是否贯彻国民经济和社会发展的方针政策，收支政策是否切实可行；

（四）重点支出和重大投资项目的预算安排是否适当；

（五）预算的编制是否完整，是否符合本法第四十六条的规定；

（六）对下级政府的转移性支出预算是否规范、适当；

（七）预算安排举借的债务是否合法、合理，是否有偿还计划和稳定的偿还资金来源；

（八）与预算有关重要事项的说明是否清晰。

第四十九条　全国人民代表大会财政经济委员会向全国人民代表大会主席团提出关于中央和地方预算草案及中央和地方预算执行情况的审查结果报告。

省、自治区、直辖市、设区的市、自治州人民代表大会有关专门委员会，县、自治县、不设区的市、市辖区人民代表大会常务委员会，向本级人民代表大会主席团提出关于总预算草案及上一年总预算执行情况的审查结果报告。

审查结果报告应当包括下列内容：

（一）对上一年预算执行和落实本级人民代表大会预算决议的情况作出评价；

（二）对本年度预算草案是否符合本法的规定，是否可行作出评价；

（三）对本级人民代表大会批准预算草案和预算报告提出建议；

（四）对执行年度预算、改进预算管理、提高预算绩效、加强预算监督等提出意见和建议。

第五十条　乡、民族乡、镇政府应当及时将经本级人民代表大会批准的本级预算报上一级政府备案。县级以上地方各级政府应当及时将经本级人民代表大会批准的本级预算及下一级政府报送备案的预算汇总，报上一级政府备案。

县级以上地方各级政府将下一级政府依照前款规定报送备案的预算汇总后，报本级人民代表大会常务委员会备案。国务院将省、自治区、直辖市政府依照前款规定报送备案的预算汇总后，报全国人民代表大会常务委员会备案。

第五十一条　国务院和县级以上地方各级政府对下一级政府依照本法第五十条规定报送备案的预算，认为有同法律、行政法规相抵触或者有其他不适当之处，需要撤销批准预算的决议的，应当提请本级人民代表大会常务委员会审议决定。

第五十二条　各级预算经本级人民代表大会批准后，本级政府财政部门应当在二十日内向本级各部门批复预算。各部门应当在接到本级政府财政部门批复的本部门预算后十五日内向所属各单位批复预算。

中央对地方的一般性转移支付应当在全国人民代表大会批准预算后三十日内正式下达。中央对地方的专项转移支付应当在全国人民代表大会批准预算后九十日内正式下达。

省、自治区、直辖市政府接到中央一般性转移支付和专项转移支付后，应当在三十日内正式下达到本行政区域县级以上各级政府。

县级以上地方各级预算安排对下级政府的一般性转移支付和专项转移支付，应当分别在本级人民代表大会批准预算后的三十日和六十日内正式下达。

对自然灾害等突发事件处理的转移支付，应当及时下达预算；对据实结算等特殊项目的转移支付，可以分期下达预算，或者先预付后结算。

县级以上各级政府财政部门应当将批复本级各部门的预算和批复下级政府的转移支付预算，抄送本级人民代表大会财政经济委员会、有关专门委员会和常务委员会有关工作机构。

第六章　预算执行

第五十三条　各级预算由本级政府组织执行，具体工作由本级政府财政部门负责。

各部门、各单位是本部门、本单位的预算执行主体，负责本部门、本单位的预算执行，并对执行结果负责。

第五十四条　预算年度开始后，各级预算草案在本级人民代表大会批准前，可以安排下列支出：

（一）上一年度结转的支出；

（二）参照上一年同期的预算支出数额安排必须支付的本年度部门基本支出、项目支出，以及对下级政府的转移性支出；

（三）法律规定必须履行支付义务的支出，-以及用于自然灾害等突发事件处理的支出。

根据前款规定安排支出的情况，应当在预算草案的报告中作出说明。

预算经本级人民代表大会批准后，按照批准的预算执行。

第五十五条　预算收入征收部门和单位，必须依照法律、行政法规的规定，及时、足额征收应征的预算收入。不得违反法律、行政法规规定，多征、提前征收或者减征、免征、缓征应征的预算收入，不得截留、占用或者挪用预算收入。

各级政府不得向预算收入征收部门和单位下达收入指标。

第五十六条　政府的全部收入应当上缴国家金库（以下简称国库），任何部门、单位和个人不得截留、占用、挪用或者拖欠。

对于法律有明确规定或者经国务院批准的特定专用资金，可以依照国务院的规定设立财政专户。

第五十七条　各级政府财政部门必须依照法律、行政法规和国务院财政部门的规定，及时、足额地拨付预算支出资金，加强对预算支出的管理和监督。

各级政府、各部门、各单位的支出必须按照预算执行，不得虚假列支。

各级政府、各部门、各单位应当对预算支出情况开展绩效评价。

第五十八条　各级预算的收入和支出实行收付实现制。

特定事项按照国务院的规定实行权责发生制的有关情况，应当向本级人民代表大会常务委员会报告。

第五十九条　县级以上各级预算必须设立国库；具备条件的乡、民族乡、镇也应当设立国库。

中央国库业务由中国人民银行经理，地方国库业务依照国务院的有关规定办理。

各级国库应当按照国家有关规定，及时准确地办理预算收入的收纳、划分、留解、退付和预算支出的拨付。

各级国库库款的支配权属于本级政府财政部门。除法律、行政法规另有规定外，未经本级政府财政部门同意，任何部门、单位和个人都无权冻结、动用国库库款或者以其他方式支配已入国库的库款。

各级政府应当加强对本级国库的管理和监督，按照国务院的规定完善国库现金管理，合理调节国库资金余额。

第六十条　已经缴入国库的资金，依照法律、行政法规的规定或者国务院的决定需要退付的，各级政府财政部门或者其授权的机构应当及时办理退付。按照规定应当由财政支出安排的事项，不得用退库处理。

第六十一条　国家实行国库集中收缴和集中支付制度，对政府全部收入和支出实行国库集中收付管理。

第六十二条　各级政府应当加强对预算执行的领导，支持政府财政、税务、海关等预算收入的征收部门依法组织预算收入，支持政府财政部门严格管理预算支出。

财政、税务、海关等部门在预算执行中，应当加强对预算执行的分析；发现问题时应当及时建议本级政府采取措施予以解决。

第六十三条　各部门、各单位应当加强对预算收入和支出的管理，不得截留或者动用应当上缴的预算收入，不得擅自改变预算支出的用途。

第六十四条　各级预算预备费的动用方案，由本级政府财政部门提出，报本级政府决定。

第六十五条　各级预算周转金由本级政府财政部门管理，不得挪作他用。

第六十六条　各级一般公共预算年度执行中有超收收入的，只能用于冲减赤字或者补充预算稳定调节基金。

各级一般公共预算的结余资金，应当补充预算稳定调节基金。

省、自治区、直辖市一般公共预算年度执行中出现短收，通过调入预算稳定调节基金、减少支出等方式仍不能实现收支平衡的，省、自治区、直辖市政府报本级人民代表大会或者其常务委员会批准，可以增列赤字，报国务院财政部门备案，并应当在下一年度预算中予以弥补。

第七章　预算调整

第六十七条　经全国人民代表大会批准的中央预算和经地方各级人民代表大会批准的地方各级预算，在执行中出现下列情况之一的，应当进行预算调整：

（一）需要增加或者减少预算总支出的；

（二）需要调入预算稳定调节基金的；

（三）需要调减预算安排的重点支出数额的；

（四）需要增加举借债务数额的。

第六十八条　在预算执行中，各级政府一般不制定新的增加财政收入或者支出的政策和措施，也不制定减少财政收入的政策和措施；必须作出并需要进行预算调整的，应当在预算调整方案中作出安排。

第六十九条　在预算执行中，各级政府对于必须进行的预算调整，应当编制预算调整方案。预算调整方案应当说明预算调整的理由、项目和数额。

在预算执行中，由于发生自然灾害等突发事件，必须及时增加预算支出的，应当先动支预备费；预备费不足支出的，各级政府可以先安排支出，属于预算调整的，列入预算调整方案。

国务院财政部门应当在全国人民代表大会常务委员会举行会议审查和批准预算调整方案的三十日前，将预算调整初步方案送交全国人民代表大会财政经济委员会进行初步审查。

省、自治区、直辖市政府财政部门应当在本级人民代表大会常务委员会举行会议审查和批准预算调整方案的三十日前，将预算调整初步方案送交本级人民代表大会有关专门委员会进行初步审查。

设区的市、自治州政府财政部门应当在本级人民代表大会常务委员会举行会议审查和批准预算调整方案的三十日前，将预算调整初步方案送交本级人民代表大会有关专门委员会进行初步审查，或者送交本级人民代表大会常务委员会有关工作机构征求意见。

县、自治县、不设区的市、市辖区政府财政部门应当在本级人民代表大会常务委员会举行会议审查和批准预算调整方案的三十日前，将预算调整初步方案送交本级人民代表大会常务委员会有关工作机构征求意见。

中央预算的调整方案应当提请全国人民代表大会常务委员会审查和批准。县级以上地方各级预算的调整方案应当提请本级人民代表大会常务委员会审查和批准；乡、民族乡、镇预算的调整方案应当提请本级人民代表大会审查和批准。未经批准，不得调整预算。

第七十条　经批准的预算调整方案，各级政府应当严格执行。未经本法第六十九条规定的程序，各级政府不得作出预算调整的决定。

对违反前款规定作出的决定，本级人民代表大会、本级人民代表大会常务委员会或者上级政府应当责令其改变或者撤销。

第七十一条　在预算执行中，地方各级政府因上级政府增加不需要本级政府提供配套资金的专项转移支付而引起的预算支出变化，不属于预算调整。

接受增加专项转移支付的县级以上地方各级政府应当向本级人民代表大会常务委员会报告有关情况；接受增加专项转移支付的乡、民族乡、镇政府应当向本级人民代表大会报告有关情况。

第七十二条　各部门、各单位的预算支出应当按照预算科目执行。严格控制不同预算科目、预算级次或者项目间的预算资金的调剂，确需调剂使用的，按照国务院财政部门的规定办理。

第七十三条　地方各级预算的调整方案经批准后，由本级政府报上一级政府备案。

第八章　决算

第七十四条　决算草案由各级政府、各部门、各单位，在每一预算年度终了后按照国务院规定的时间编制。

编制决算草案的具体事项，由国务院财政部门部署。

第七十五条　编制决算草案，必须符合法律、行政法规，做到收支真实、数额准确、内容完整、报送及时。

决算草案应当与预算相对应，按预算数、调整预算数、决算数分别列出。一般公共预算支出应当按其功能分类编列到项，按其经济性质分类编列到款。

第七十六条　各部门对所属各单位的决算草案，应当审核并汇总编制本部门的决算草案，在规定的期限内报本级政府财政部门审核。

各级政府财政部门对本级各部门决算草案审核后发现有不符合法律、行政法规规定的，有权予以纠正。

第七十七条 国务院财政部门编制中央决算草案，经国务院审计部门审计后，报国务院审定，由国务院提请全国人民代表大会常务委员会审查和批准。

县级以上地方各级政府财政部门编制本级决算草案，经本级政府审计部门审计后，报本级政府审定，由本级政府提请本级人民代表大会常务委员会审查和批准。

乡、民族乡、镇政府编制本级决算草案，提请本级人民代表大会审查和批准。

第七十八条 国务院财政部门应当在全国人民代表大会常务委员会举行会议审查和批准中央决算草案的三十日前，将上一年度中央决算草案提交全国人民代表大会财政经济委员会进行初步审查。

省、自治区、直辖市政府财政部门应当在本级人民代表大会常务委员会举行会议审查和批准本级决算草案的三十日前，将上一年度本级决算草案提交本级人民代表大会有关专门委员会进行初步审查。

设区的市、自治州政府财政部门应当在本级人民代表大会常务委员会举行会议审查和批准本级决算草案的三十日前，将上一年度本级决算草案提交本级人民代表大会有关专门委员会进行初步审查，或者送交本级人民代表大会常务委员会有关工作机构征求意见。

县、自治县、不设区的市、市辖区政府财政部门应当在本级人民代表大会常务委员会举行会议审查和批准本级决算草案的三十日前，将上一年度本级决算草案送交本级人民代表大会常务委员会有关工作机构征求意见。

全国人民代表大会财政经济委员会和省、自治区、直辖市、设区的市、自治州人民代表大会有关专门委员会，向本级人民代表大会常务委员会提出关于本级决算草案的审查结果报告。

第七十九条 县级以上各级人民代表大会常务委员会和乡、民族乡、镇人民代表大会对本级决算草案，重点审查下列内容：

（一）预算收入情况；

（二）支出政策实施情况和重点支出、重大投资项目资金的使用及绩效情况；

（三）结转资金的使用情况；

（四）资金结余情况；

（五）本级预算调整及执行情况；

（六）财政转移支付安排执行情况；

（七）经批准举借债务的规模、结构、使用、偿还等情况；

（八）本级预算周转金规模和使用情况；

（九）本级预备费使用情况；

（十）超收收入安排情况，预算稳定调节基金的规模和使用情况；

（十一）本级人民代表大会批准的预算决议落实情况；

（十二）其他与决算有关的重要情况。

县级以上各级人民代表大会常务委员会应当结合本级政府提出的上一年度预算执行和其他财政收支的审计工作报告，对本级决算草案进行审查。

第八十条 各级决算经批准后，财政部门应当在二十日内向本级各部门批复决算。各部门应当在接到本级政府财政部门批复的本部门决算后十五日内向所属单位批复决算。

第八十一条 地方各级政府应当将经批准的决算及下一级政府上报备案的决算汇总，报上一级政府备案。

县级以上各级政府应当将下一级政府报送备案的决算汇总后，报本级人民代表大会常务委员会备案。

第八十二条 国务院和县级以上地方各级政府对下一级政府依照本法第八十一条规定报送备案的决算，认为有同法律、行政法规相抵触或者有其他不适当之处，需要撤销批准该项决算的决议的，应当提请本级人民代表大会常务委员会审议决定；经审议决定撤销的，该下级人民代表大会常务委员会应当责成本级政府依照本法规定重新编制决算草案，提请本级人民代表大会常务委员会审查和批准。

第九章 监督

第八十三条 全国人民代表大会及其常务委员会对中央和地方预算、决算进行监督。

县级以上地方各级人民代表大会及其常务委员会对本级和下级预算、决算进行监督。

乡、民族乡、镇人民代表大会对本级预算、决算进行监督。

第八十四条 各级人民代表大会和县级以上各级人民代表大会常务委员会有权就预算、决算中的重大事项或者特定问题组织调查，有关的政府、部门、单位和个人应当如实反映情况和提供必要的材料。

第八十五条 各级人民代表大会和县级以上各级人民代表大会常务委员会举行会议时，人民代表大会代表或者常务委员会组成人员，依照法律规定程序就预算、决算中的有关问题提出询问或者质询，受询问或者受质询的有关的政府或者财政部门必须及时给予答复。

第八十六条　国务院和县级以上地方各级政府应当在每年六月至九月期间向本级人民代表大会常务委员会报告预算执行情况。

第八十七条　各级政府监督下级政府的预算执行；下级政府应当定期向上一级政府报告预算执行情况。

第八十八条　各级政府财政部门负责监督本级各部门及其所属各单位预算管理有关工作，并向本级政府和上一级政府财政部门报告预算执行情况。

第八十九条　县级以上政府审计部门依法对预算执行、决算实行审计监督。

对预算执行和其他财政收支的审计工作报告应当向社会公开。

第九十条　政府各部门负责监督检查所属各单位的预算执行，及时向本级政府财政部门反映本部门预算执行情况，依法纠正违反预算的行为。

第九十一条　公民、法人或者其他组织发现有违反本法的行为，可以依法向有关国家机关进行检举、控告。

接受检举、控告的国家机关应当依法进行处理，并为检举人、控告人保密。任何单位或者个人不得压制和打击报复检举人、控告人。

第十章　法律责任

第九十二条　各级政府及有关部门有下列行为之一的，责令改正，对负有直接责任的主管人员和其他直接责任人员追究行政责任：

（一）未依照本法规定，编制、报送预算草案、预算调整方案、决算草案和部门预算、决算以及批复预算、决算的；

（二）违反本法规定，进行预算调整的；

（三）未依照本法规定对有关预算事项进行公开和说明的；

（四）违反规定设立政府性基金项目和其他财政收入项目的；

（五）违反法律、法规规定使用预算预备费、预算周转金、预算稳定调节基金、超收收入的；

（六）违反本法规定开设财政专户的。

第九十三条　各级政府及有关部门、单位有下列行为之一的，责令改正，对负有直接责任的主管人员和其他直接责任人员依法给予降级、撤职、开除的处分：

（一）未将所有政府收入和支出列入预算或者虚列收入和支出的；

（二）违反法律、行政法规的规定，多征、提前征收或者减征、免征、缓征应征预算收入的；

（三）截留、占用、挪用或者拖欠应当上缴国库的预算收入的；

（四）违反本法规定，改变预算支出用途的；

（五）擅自改变上级政府专项转移支付资金用途的；

（六）违反本法规定拨付预算支出资金，办理预算收入收纳、划分、留解、退付，或者违反本法规定冻结、动用国库库款或者以其他方式支配已入国库库款的。

第九十四条　各级政府、各部门、各单位违反本法规定举借债务或者为他人债务提供担保，或者挪用重点支出资金，或者在预算之外及超预算标准建设楼堂馆所的，责令改正，对负有直接责任的主管人员和其他直接责任人员给予撤职、开除的处分。

第九十五条　各级政府有关部门、单位及其工作人员有下列行为之一的，责令改正，追回骗取、使用的资金，有违法所得的没收违法所得，对单位给予警告或者通报批评；对负有直接责任的主管人员和其他直接责任人员依法给予处分：

（一）违反法律、法规的规定，改变预算收入上缴方式的；

（二）以虚报、冒领等手段骗取预算资金的；

（三）违反规定扩大开支范围、提高开支标准的；

（四）其他违反财政管理规定的行为。

第九十六条　本法第九十二条、第九十三条、第九十四条、第九十五条所列违法行为，其他法律对其处理、处罚另有规定的，依照其规定。

违反本法规定，构成犯罪的，依法追究刑事责任。

第十一章　附则

第九十七条　各级政府财政部门应当按年度编制以权责发生制为基础的政府综合财务报告，报告政府整体财务状况、运行情况和财政中长期可持续性，报本级人民代表大会常务委员会备案。

第九十八条　国务院根据本法制定实施条例。

第九十九条　民族自治地方的预算管理，依照民族区域自治法的有关规定执行；民族区域自治法没有规定的，依照本法和国务院的有关规定执行。

第一百条　省、自治区、直辖市人民代表大会或者其常务委员会根据本法，可以制定有关预算审查监督的决定或者地方性法规。

第一百零一条　本法自 1995 年 1 月 1 日起施行。1991 年 10 月 21 日国务院发布的《国家预算管理条例》同时废止。

3. 特点

（1）实行全口径预算管理

如第四条明确规定"政府的全部收入和支出都应当纳入预算"；第五条明确规定"预算包括一般公共预算、政府性基金预算、国有资本经营预算、社会保险基金预算"。

实行全口径预算管理，是建立现代财政制度的基本前提。收入是全口径的，不仅包括税收和收费，还包括国有资本经营收入、政府性基金收入等；支出也要涵盖广义政府的所有活动；同时，将地方政府债务纳入预算管理，避免地方政府债务游离于预算之外、脱离人大监督。

由此，政府全部收支纳入预算，接受人民监督。

（2）避免"过头税"，预算审核重点转向支出预算和政策

原预算法规定预算审核重点是收支平衡，并要求预算收入征收部门完成上缴任务。于是在客观上带来预算执行"顺周期"问题，容易导致收入征收部门在经济增长放缓时，为完成任务收"过头税"，造成经济"雪上加霜"；而在经济过热时，为不抬高基数搞"藏富于民"，该收不收，造成经济"热上加热"。

新预算法旨在改变这一现状，将预算审核的重点由收支平衡向支出预算和政策拓展。同时，收入预算从约束性转向预期性，通过建立跨年度预算平衡机制，解决预算执行中的超收或短收问题，如超收收入限定冲抵赤字或补充预算稳定调节基金，省级一般公共预算年度执行中出现短收，允许增列赤字并在下一年度预算中弥补等。这些规定强调依法征收、应收尽收，有助于避免收"过头税"等行为，增强政府"逆周期"调控政策效果。

（3）规范专项转移支付

针对地方可自由支配的一般性转移支付规模偏小、限定用途的专项转移支付项目繁杂、交叉重复、资金分散、配套要求多等问题，新预算法第十六条、第三十八条、第五十二条等条款对转移支付的设立原则、目标、预算编制方法、下达时限等做出规定。

新预算法重点规范了专项转移支付，如强调要建立健全专项转移支付定期评估和退出机制、市场竞争机制能够有效调节的事项不得设立专项转移支付、除国务院规定上下级政府应共同承担的事项外不得要求下级政府承担配套资金等，有利于减少"跑部钱进"现象和中央部门对地方事权的不适当干预，也有利于地方统筹安排预算。

（4）"预算公开"入法，从源头防治腐败

新预算法首次对"预算公开"做出全面规定，第十四条对公开的范围、主体、时限等提出明确具体的要求，对转移支付、政府债务、机关运行经费等社会高度关注事项要求公开做出说明，并在第九十二条中规定了违反预算公开规范的法律责任。

将预算公开实践成果总结入法，形成刚性的法律约束，是预算法修改的重要进步，有利于确保人民群众知情权、参与权和监督权，提升财政管理水平，从源头上预防和治理腐败。

而对于预算不够细化问题，新预算法第三十二条、三十七条、四十六条等多处做出明确规定，如强调今后各级预算支出要按其功能和经济性质分类编制。楼继伟说，按功能分类能明确反映政府职能活动，知道政府支出是用到教育上还是水利上；按经济分类则明确反映政府支出按经济属性究竟是怎么花出去的，知道有多少用于支付工资，多少用于办公用房建设等。两种方式不能偏废，分别编制支出功能分类和经济分类预算有利于更全面地理解预算是怎样实现的。

（5）"勤俭节约"入法，违纪铁腕追责

针对现实中的奢侈浪费问题，新预算法对于厉行节约、硬化支出预算约束做出严格规定，如第十二条确定了统筹兼顾、勤俭节约、量力而行、讲求绩效和收支平衡的原则，第三十七条规定严控机关运行经费和楼堂馆所等基本建设支出等。

相对于原预算法仅就擅自变更预算、擅自支配库款、隐瞒预算收入等三种情形设置了法律责任，且不够具体明确，新预算法重新梳理了违法违纪情形，加大了责任追究力度，在第九十二、九十三、九十四、九十五条里集中详细规定了法律责任。如对政府及有关部门违规举债、挪用重点支出资金，或在预算之外及超预算标准建设楼堂馆所的，对负有直接责任的主管人员和其他直接责任人员给予撤职、开除的处分。此外，如构成犯罪还将依法追究刑事责任等。

4. 执行要求

（1）充分认识新预算法颁布实施的重要意义

新预算法全面贯彻了党的十八大和十八届三中全会精神，充分体现了党中央、国务院确定的财税体制改革总体要求，以及近年来财政改革发展的成功经验，同时也为进一步深化财税改革引领方向，在预算管理诸多方面取得了重大突破。预算法是中国特色社会主义法律体系中的一部重要法律，是财政领域的基本法律制度。预算法重新颁布是国家法律制度建设的一项重要成果，更是财政制度建设具有里程碑意义的一件大事，标志着我国向加快建立全面规范、公开透明的现代预算制度迈出了坚实的一步。各级财政部门贯彻实施新预算法，要与学习贯彻党的十八大和十八届三中、四中全会精神紧密结合，站在依法治国、依法行政、依法理财的高度，充分认识预算法修改的重大意义，切实提高学习贯彻实施新预算法的自觉性和主动性，坚持有法必依、执法必严、违法必究，不断开创预算管理工作的新局面。

（2）认真组织学习和宣传新预算法

各级财政部门要高度重视新预算法的学习培训工作，认真学习、全面理解新预算法，准确掌握新预算法的精神、原则和各项具体规定。各级财政部门干部，特别是领导干部，要带头学习和遵守法律，努力增强预算法治意识，自觉维护预算法的权威，牢记法律红线不可逾越、法律底线不可触碰，把新预算法的各项规定作为从事预算管理活动的行为准则，坚持学以致用，经常对照检查，严格依法办事，严肃财经纪律。各级财政部门还要大力做好法律的宣传普及工作，采取多种方式广泛宣传新预算法，把新预算法作为普法的重要内容，除专门组织新预算法的培训外，在其他岗位培训、业务培训中也要安排这方面的内容。要及时向党委、政府领导汇报实施新预算法需要做的工作以及新预算法的精神和各项规定。要向各部门、各单位宣讲新预算法，使各部门、各单位负责财务管理工作的领导和工作人员了解、掌握新预算法的规定和要求，做好本部门、本单位预算编制、执行等各项工作。各级财政部门法制机构和教育培训机构要具体组织好新预算法的学习、宣传和培训工作。财政部在普法验收中要把各地贯彻执行新预算法的情况作为重要考核内容。

（3）全面做好新预算法的组织实施工作

新预算法对预决算的编制、审查、批准、监督以及预算的执行和调整等预算管理工作的全过程均做出了规定，对预算管理工作的许多方面提出了新的更高的要求，各级财政部门要严格按照新预算法的规定，积极、认真地做好组织实施工作，努力提高预算管理的科学化、规范化水平。

各级财政部门、各部门、各单位在预算编制过程中要将政府的所有收入和支出全部纳入预算，保证预算编制的完整性。要尽可能将预算年度中需要落实的重大政策、措施等，在预算草案中予以体现。要按照功能和经济性质分类，做好细化预算编制工作。要加大一般性转移支付力度，清理和规范专项转移支付，做好转移支付预算的提前下达和编制工作，建立健全专项转移支付的定期评估和退出机制。要切实加强地方政府债务管理，清理甄别存量债务，以规范的地方政府债务管理机制防范化解债务风险。要建立跨年度预算平衡机制，规范超收收入、结转结余资金的使用管理。

各级财政部门、各部门、各单位要严格按照新预算法有关预算公开主体、时限和内容等方面的要求，完善预算公开工作机制，规范预算公开工作流程，做好保密审查，及时、主动地回应公开工作中出现的情况和问题，确保预算公开工作顺利进行。

各级财政部门、各部门、各单位要加强预算执行管理，硬化支出预算约束。要认真贯彻勤俭节约的方针，严格控制各部门、单位的机关运行经费，严禁在预算之外或者超预算标准建设楼堂馆所。各级财政部门要督促收入征收部门规范征收行为，做到依法征收、应收尽收，不得将收费、罚没收入同部门利益直接或者变相挂钩。执行中确有必要进行预算调整的，要按照新预算法的规定，做好预算调整方案的编报等相关工作。

各级财政部门要严格规范国库资金管理，对政府全部收入和支出实行国库集中收付管理。要加强对财政专户的管理，对目前的财政专户进行全面的清理规范，新设立的财政专户须按照规定程序报批。要全面清理已经发生的财政借垫款，并按国家统一规定认真甄别，规范处理。

各级财政部门要加快建立健全预算绩效管理机制，全面推进预算绩效管理工作，强化支出责任和绩效意识，加强绩效评价结果应用，将评价结果作为编制年度预算草案、调整支出结构、完善财政政策和科学安排预算的重要依据。

各级财政部门要加强与同级人大有关专门委员会或者常委会有关工作机构的沟通，高度重视人大方面的审查意见，自觉、主动地接受人大监督。要自觉接受审计部门和社会公众的监督，积极落实审计整改意见和社会公众关切。各级财政部门要进一步强化内部控制，按照分事行权、分岗设权、分级授权的要求完善内控机制，要加强对各部门、各单位的监督指导，切实履行预算编制审核、预算执行监督等各项职责。

（4）及时加强配套制度的清理和建设

新预算法对预算管理工作的各个方面均提出了新的要求，财政部将在国务院的领导下，遵照党的十八届三中全会对预算制度改革的各项要求，根据新预算法的规定，抓紧《中华人民共和国预算法实施条例》的修改工作，并及时提交国务院常务会议审议（已于 2020 年 8 月 3 日，公布修订后的《中华人民共和国预算法实施条例》）。各级财政部门要按照新预算法的具体规定和要求，对以前制定的有关制度文件进行全面清理，重新梳理和完善有关制度文件的具体内容、工作流程等，对与新预算法规定不一致的，要及时废止或者修改，凡与新预算法规定相违背的，一律停止执行。要抓紧制定相关配套制度，加强合法性审查并及时公布结果，切实满足预算管理实践的需要。法律的生命力在于实施，各级财政部门及领导干部，要以改革的精神、法治的精神，重视贯彻新预算法，组织好各项预算改革工作，要用法治思维和法治方式推进改革，有效应对预算管理工作中出现的新情况、新问题，全面提高依法行政、依法理财的能力和水平。省级财政部门要及时汇总本地区预算法实施中的有关重要情况和问题并报告财政部。

二、事业单位财务管理的主要任务

（一）合理编制单位预算

事业单位预算是事业单位根据工作任务、事业计划以及费用开支标准等编制的预算资金收支计划，是国家预算的组成部分。事业单位预算的编制是整个预算工作的开始。预算指标通过财务管理来实现，预算执行的各项要求通过财务管理来落实。所以，事业单位财务管理的首要任务是合理安排预算，也就是科学、合理地制定事业单位的资金收支计划，并按照计划合理地筹集资金、及时地供应资金，以确保国家预算的正确实现和各项事业计划的圆满完成。

事业单位预算的编制，应当按照量入为出、收支平衡的原则编制，不得编制赤字预算。

事业单位中虽有一些单位因开展业务活动取得一部分收入，但大多数事业单位所需的资金靠财政拨款来保证。所以，预算的安排主要是支出的安排。支出预算的安排，必须正确处理好以下几个方面的关系。

1. 正确处理行政性支出与业务性支出的关系

行政性支出，是开展业务活动所必需的一般行政管理方面的支出，如办公费、邮电费、会议费等。业务性支出，是用于进行业务活动所必需的物质消耗，直接关系到业务活动的完成。正确处理行政性支出和业务性支出的关系，就应当精打细算，在保证正常工作的情况下尽量压缩行政性支出，支持业务性支出，保证业务活动的顺利开展。

2. 正确处理维持与发展的关系

各项事业支出中，一部分是用于维持原有事业机构和规模所需的人员经费和公用经费；一部分是用于增加机构、人员或其他事业项目，即用于发展的费用。正确处理维持与发展的关系，就是首先保证现有事业的维持费用，对于事业发展费用，既要根据事业发展的需要，又要考虑财力的可能妥善安排。

3.正确处理重点和一般的关系

事业单位各项业务活动，有轻重缓急之分。因此，资金的安排，要有先有后地解决；对于急需办的事情，优先保证资金；可以不办或缓办的坚决不办或缓办；可以压缩的，要尽量压缩，这样，才能把有限的资金用到最需要的地方，充分发挥资金的效用。

（二）依法组织收入，努力节约支出

事业单位除了依法取得国家财政补助外，还应根据自己的现有条件，在国家政策允许的范围内，挖掘潜力，广开门路，多渠道、多形式、多层次筹集资金，促进事业的更快发展。

一些事业单位在开展工作和业务活动以及从事生产经营过程中，因提供服务或产品，往往可以取得一部分收入。像勘察设计、科学研究、工业、交通、商业、农业、林业、水利、气象、剧院、学校、医院等事业单位都会有一定的收入。事业单位对于国家规定的各项收入，必须根据收入原则，正确地执行收费标准，积极组织实现，充分挖掘单位内部潜力，扩大服务，增加收入，堵塞漏洞，把应收的收入如数上缴。

在依法组织收入的同时，必须注意节约支出。加强支出管理，既是缓解资金供需矛盾、发展事业的需要，也是贯彻执行勤俭办一切事业方针的要求。

事业单位的各项费用开支，必须按计划、按规定用款。对于专项开支实行专款专用，不得与一般开支相互调剂使用。要充分运用定员定额工具，执行费用开支标准，用款力求节约，保证做到少花钱、多办事，并把事办好。

事业单位的经费，一部分用于人员经费；一部分用于公用经费，要购买各种公用物品。财务部门必须善始善终，一管到底。各种财产物资要充分利用、保证安全、防止损失浪费。要管好用好资金、财产物资，必须调动单位中各个组织和职能部门以及广大职工的理财积极性。要相信群众，依靠群众，规模较大或收支较多的单位，可根据"统一领导、分工负责"的原则，在财务部门统一管理下，由各组织机构负责本机构的财务收支、财产物资并管好用好。

（三）加强国有资产管理，防止国有资产流失

事业单位是社会服务组织的重要类型，本身具有一定的公益性，其根本目的不在于实现经济效益而在于实现社会效益。对事业单位而言，其资产都属于国家所有，是典型的国有资产，也是事业单位实现其职能、促进区域社会经济发展重要的物质条件，影响着事业单位的资金管理和财政预算。加强国有资产

管理从长远来说，有利于促进我国事业单位的稳定运行，从而更好地服务于国民经济建设。国有资产是发展壮大国有经济的重要物质基础。事业单位要按照国家有关国有资产管理的规定，制定并完善国有资产管理的具体办法，使单位的国有资产严格管理，合理使用，防止国有资产的流失。

（四）如实反映单位财务状况，对单位经济活动进行控制和监督

事业单位必须认真做好财务管理的各项基础工作，真实、准确地反映单位的财务状况。同时，还应依据国家有关法律、法规和财务规章制度，充分利用各种财务管理的方法，对单位的业务活动以及经营活动进行监督检查，发现问题及时解决，维护财经纪律的严肃性，保证各项业务活动和财务活动健康、顺利地开展。

在我国社会主义条件下，由于封建官僚主义以及其他剥削思想的影响，还会出现滥用职权，忽视计划、任务，盲目花钱，不讲资金使用效果的情况；也会出现铺张浪费、损公肥私、贪占挪用等违法乱纪行为。事业单位财务管理部门，必须严格执行和坚决维护国家财经纪律，掌好理财权，把好财务关。对于滥用职权，忽视计划、任务，盲目花钱，不讲资金使用效果的情况，要敢于抵制，及时向上级反映。对于不顾党纪国法，违犯财经纪律、破坏财经制度、弄虚作假、营私舞弊、贪污浪费等违法乱纪行为，要坚决斗争。

（五）正确处理单位内外诸方面的经济关系

事业单位的财务部门是管理资金的专职经济部门，而资金又是一定社会经济关系的体现。事业单位在组织财务活动的过程中，必须严格贯彻执行党和国家的路线、方针、政策和国家的财经制度，正确处理单位内外多种经济关系。处理单位同国家的关系，要坚持局部利益服从整体利益，顾全大局、服从大局，分清预算资金和预算外资金的界限，按国家规定使用资金，不能胡支乱用；处理好单位同工商企业和其他单位的关系，必须履行经济合同，遵守国家的物资管理制度、价格制度；处理好单位同银行的关系，必须遵守现金管理制度和结算纪律；处理好单位同职工的关系，必须贯彻按劳分配政策和国家的工资、奖金和福利制度。只有这样，才能在财务活动中，坚持社会主义方向，促进社会主义经济关系的巩固和发展。

第三章 新政府会计制度对会计工作的影响

政府会计制度是对政府财政收支的数目、性质、用途、关系和过程进行全面而准确地记录与整理的程序和方法，它是预算执行情况的客观及直观反映。本章分为新政府会计制度、新政府会计制度的主要内容及特点、新政府会计制度对事业单位会计核算的影响、事业单位实施新政府会计制度的路径四部分。主要内容包括：新政府会计制度、新政府会计制度的主要内容、新政府会计制度的特点、新政府会计制度实施的意义、新政府会计制度对事业单位会计核算的积极影响、新政府会计制度在事业单位会计核算实施中存在的问题等。

第一节 新政府会计制度

2013 年 11 月 9 日党的十八届三中全会召开，提出了"建立权责发生制政府综合财务报告制度"的重大改革举措，2014 年新修订的《预算法》对各级政府提出按年度编制以权责发生制为基础的政府综合财务报告的新要求。由于现行政府会计体系一般采用收付实现制，主要以提供反映预算收支执行情况的决算报告为目的，无法准确、完整反映政府资产负债"家底"，以及政府的运行成本等情况，难以满足编制权责发生制政府综合财务报告的要求。另外，因现行政府会计领域多项制度并存，体系繁杂、内容交叉、核算口径不一，造成不同部门、单位的会计信息可比性不高，通过汇总、调整编制的政府财务报告信息质量较低。因此，在新的形势下，必须对现行政府会计标准体系进行改革。

为了适应权责发生制政府综合财务报告制度改革需要，规范行政事业单位会计核算，提高会计信息质量，根据《中华人民共和国会计法》《中华人民共和国预算法》《政府会计准则——基本准则》等法律、行政法规和规章，财政部在 2017 年 10 月制定了《政府会计制度——行政事业单位会计科目和报表》（简称《政府会计制度》，即本书所指新政府会计制度），自 2019 年 1 月 1 日起施行。

执行本制度的单位，不再执行《行政单位会计制度》《事业单位会计准则》《事业单位会计制度》《医院会计制度》《基层医疗卫生机构会计制度》《高等学校会计制度》《中小学校会计制度》《科学事业单位会计制度》《彩票机构会计制度》《地质勘查单位会计制度》《测绘事业单位会计制度》《国有林场与苗圃会计制度（暂行）》《国有建设单位会计制度》等制度。

《政府会计制度》不再以修正的收付实现制为基础，而是完全地引入了权责发生制，将财务会计和预算会计进行了适度分离，财务会计采用权责发生制，预算会计采用收付实现制，使两者在不同的会计基础下进行核算但又保持了一定的内在联系，在此基础上形成了政府会计新的核算体系。在整个会计期间内，将预算会计的核算嵌套在整个财务核算体系中，如果该业务涉及本期预算管理中的现金收支则需采用平行记账，即在进行财务会计核算的同时还需对预算会计进行核算，否则只需对其进行财务会计的核算，最终在同一会计凭证中得到体现，做到适度分离又相互联系。

第二节　新政府会计制度的主要内容及特点

一、新政府会计制度的主要内容

《政府会计制度》由正文和附录组成。正文包括五部分内容。

第一部分为总说明，主要规范《政府会计制度》的制定依据、适用范围、会计核算模式和会计要素、会计科目设置要求、报表编制要求、会计信息化工作要求和施行日期等内容。

文件内容概览如下。

第一部分　总说明

一、为了规范行政事业单位的会计核算，保证会计信息质量，根据《中华人民共和国会计法》《中华人民共和国预算法》《政府会计准则——基本准则》等法律、行政法规和规章，制定本制度。

二、本制度适用于各级各类行政单位和事业单位（以下统称单位，特别说明的除外）。

纳入企业财务管理体系执行企业会计准则或小企业会计准则的单位，不执行本制度。

本制度尚未规范的有关行业事业单位的特殊经济业务或事项的会计处理，由财政部另行规定。

......

九、单位应当重视并不断推进会计信息化的应用。

单位开展会计信息化工作，应当符合财政部制定的相关会计信息化工作规范和标准，确保利用现代信息技术手段开展会计核算及生成的会计信息符合政府会计准则和本制度的规定。

十、本制度自 2019 年 1 月 1 日起施行。

第二部分为会计科目名称和编号，主要列出了财务会计和预算会计两类科目表，共计 103 个一级会计科目，其中，财务会计下资产、负债、净资产、收入和费用五个要素共 77 个一级科目，预算会计下预算收入、预算支出和预算结余三个要素共 26 个一级科目。

文件内容概览如下：

第二部分 会计科目名称和编号

序号	科目编号	科目名称
一、财务会计科目		
（一）资产类		
1	1001	库存现金
2	1002	银行存款
3	1011	零余额账户用款额度
......	......	......
33	1891	受托代理资产
34	1901	长期待摊费用
35	1902	待处理财产损溢
（二）负债类		
36	2001	短期借款
37	2101	应交增值税
38	2102	其他应交税费
39	2103	应缴财政款
......	......	......
50	2601	预计负债
51	2901	受托代理负债

序号	科目编号	科目名称
（三）净资产类		
52	3001	累计盈余
53	3101	专用基金
……	……	……
57	3401	无偿调拨净资产
58	3501	以前年度盈余调整
（四）收入类		
59	4001	财政拨款收入
……	……	……
69	4609	其他收入
（五）费用类		
70	5001	业务活动费用
……	……	……
77	5901	其他费用
二、预算会计科目		
（一）预算收入类		
1	6001	财政拨款预算收入
……	……	……
9	6609	其他预算收入
（二）预算支出类		
10	7101	行政支出
……	……	……
17	7901	其他支出
（三）预算结余类		
18	8001	资金结存
……	……	……
26	8701	非财政拨款结余分配

第三部分为会计科目使用说明，主要对 103 个一级会计科目的核算内容、明细核算要求、主要账务处理等进行详细规定。本部分内容是《政府会计制度》的核心内容。

文件内容概览如下：

第三部分 会计科目使用说明

一、财务会计科目

（一）资产类

1001 库存现金

一、本科目核算单位的库存现金。

二、单位应当严格按照国家有关现金管理的规定收支现金，并按照本制度规定核算现金的各项收支业务。

本科目应当设置"受托代理资产"明细科目，核算单位受托代理、代管的现金。

三、库存现金的主要账务处理如下：

（一）从银行等金融机构提取现金，按照实际提取的金额，借记本科目，贷记"银行存款"科目；将现金存入银行等金融机构，按照实际存入金额，借记"银行存款"科目，贷记本科目。

根据规定从单位零余额账户提取现金，按照实际提取的金额，借记本科目，贷记"零余额账户用款额度"科目将现金退回单位零余额账户，按照实际退回的金额，借记"零余额账户用款额度"科目，贷记本科目。

（二）因内部职工出差等原因借出的现金，按照实际借出的现金金额，借记"其他应收款"科目，贷记本科目。出差人员报销差旅费时，按照实际报销的金额，借记"业务活动费用"、"单位管理费用"等科目，按照实际借出的现金金额，贷记"其他应收款"科目，按照其差额，借记或贷记本科目。

（三）因提供服务、物品或者其他事项收到现金，按照实际收到的金额，借记本科目，贷记"事业收入"、"应收账款"等相关科目。涉及增值税业务的，相关账务处理参见"应交增值税"科目。因购买服务、物品或者其他事项支付现金，按照实际支付的金额，借记"业务活动费用"、"单位管理费用"、"库存物品"等相关科目，贷记本科目。涉及增值税业务的，相关账务处理参见"应交增值税"科目。以库存现金对外捐赠，按照实际捐出的金额，借记"其他费用"科目，贷记本科目。

（四）收到受托代理、代管的现金，按照实际收到的金额，借记本科目（受托代理资产），贷记"受托代理负债"科目；支付受托代理、代管的现金，按照实际支付的金额，借记"受托代理负债"科目，贷记本科目（受托代理资产）。

四、单位应当设置"库存现金日记账"，由出纳人员根据收付款凭证，按照业务发生顺序逐笔登记。每日终了，应当计算当日的现金收入合计数、现金支出合计数和结余数，并将结余数与实际库存数相核对，做到账款相符。

　　每日账款核对中发现有待查明原因的现金短缺或溢余的，应当通过"待处理财产损溢"科目核算。属于现金溢余，应当按照实际溢余的金额，借记本科目，贷记"待处理财产损溢"科目；属于现金短缺，应当按照实际短缺的金额，借记"待处理财产损溢"科目，贷记本科目。待查明原因后及时进行账务处理，具体内容参见"待处理财产损溢"科目。

　　五、现金收入业务繁多、单独设有收款部门的单位，收款部门的收款员应当将每天所收现金连同收款凭据一并交财务部门核收记账，或者将每天所收现金直接送存开户银行后，将收款凭据及向银行送存现金的凭证等一并交财务部门核收记账。

　　六、单位有外币现金的，应当分别按照人民币、外币种类设置"库存现金日记账"进行明细核算。有关外币现金业务的账务处理参见"银行存款"科目的相关规定。

　　七、本科目期末借方余额，反映单位实际持有的库存现金。

1002 银行存款

　　一、本科目核算单位存入银行或者其他金融机构的各种存款。

　　二、单位应当严格按照国家有关支付结算办法的规定办理银行存款收支业务，并按照本制度规定核算银行存款的各项收支业务。

　　本科目应当设置"受托代理资产"明细科目，核算单位受托代理、代管的银行存款。

　　三、银行存款的主要账务处理如下：

　　（一）将款项存入银行或者其他金融机构，按照实际存入的金额，借记本科目，贷记"库存现金"、"应收账款"、"事业收入"、"经营收入"、"其他收入"等相关科目。涉及增值税业务的，相关账务处理参见"应交增值税"科目。

　　收到银行存款利息，按照实际收到的金额，借记本科目，贷记"利息收入"科目。

　　（二）从银行等金融机构提取现金，按照实际提取的金额，借记"库存现金"科目，贷记本科目。

　　（三）以银行存款支付相关费用，按照实际支付的金额，借记"业务活动费用"、"单位管理费用"、"其他费用"等相关科目，贷记本科目。涉及增值税业务的，相关账务处理参见"应交增值税"科目。以银行存款对外捐赠，按照实际捐出的金额，借记"其他费用"科目，贷记本科目。

　　（四）收到受托代理、代管的银行存款，按照实际收到的金额，借记本科目（受托代理资产），贷记"受托代理负债"科目；支付受托代理、代管的银

99

行存款，按照实际支付的金额，借记"受托代理负债"科目，贷记本科目（受托代理资产）。

四、单位发生外币业务的，应当按照业务发生当日的即期汇率，将外币金额折算为人民币金额记账，并登记外币金额和汇率。

期末，各种外币账户的期末余额，应当按照期末的即期汇率折算为人民币，作为外币账户期末人民币余额。调整后的各种外币账户人民币余额与原账面余额的差额，作为汇兑损益计入当期费用。

（一）以外币购买物资、设备等，按照购入当日的即期汇率将支付的外币或应支付的外币折算为人民币金额，借记"库存物品"等科目，贷记本科目、"应付账款"等科目的外币账户。涉及增值税业务的，相关账务处理参见"应交增值税"科目。

（二）销售物品、提供服务以外币收取相关款项等，按照收入确认当日的即期汇率将收取的外币或应收取的外币折算为人民币金额，借记本科目、"应收账款"等科目的外币账户，贷记"事业收入"等相关科目。

（三）期末，根据各外币银行存款账户按照期末汇率调整后的人民币余额与原账面人民币余额的差额，作为汇兑损益，借记或贷记本科目，贷记或借记"业务活动费用"、"单位管理费用"等科目。

"应收账款"、"应付账款"等科目有关外币账户期末汇率调整业务的账务处理参照本科目。

五、单位应当按照开户银行或其他金融机构、存款种类及币种等，分别设置"银行存款日记账"，由出纳人员根据收付款凭证，按照业务的发生顺序逐笔登记，每日终了应结出余额。"银行存款日记账"应定期与"银行对账单"核对，至少每月核对一次。月度终了，单位银行存款日记账账面余额与银行对账单余额之间如有差额，应当逐笔查明原因并进行处理，按月编制"银行存款余额调节表"，调节相符。

六、本科目期末借方余额，反映单位实际存放在银行或其他金融机构的款项。

1011 零余额账户用款额度

一、本科目核算实行国库集中支付的单位根据财政部门批复的用款计划收到和支用的零余额账户用款额度。

二、零余额账户用款额度的主要账务处理如下：

（一）收到额度

单位收到"财政授权支付到账通知书"时，根据通知书所列金额，借记本科目，贷记"财政拨款收入"科目。

（二）支用额度

1. 支付日常活动费用时，按照支付的金额，借记"业务活动费用"、"单位管理费用"等科目，贷记本科目。

2. 购买库存物品或购建固定资产，按照实际发生的成本，借记"库存物品"、"固定资产"、"在建工程"等科目，按照实际支付或应付的金额，贷记本科目、"应付账款"等科目。涉及增值税业务的，相关账务处理参见"应交增值税"科目。

3. 从零余额账户提取现金时，按照实际提取的金额，借记"库存现金"科目，贷记本科目。

（三）因购货退回等发生财政授权支付额度退回的，按照退回的金额，借记本科目，贷记"库存物品"等科目。

（四）年末，根据代理银行提供的对账单作注销额度的相关账务处理，借记"财政应返还额度——财政授权支付"科目，贷记本科目。

年末，单位本年度财政授权支付预算指标数大于零余额账户用款额度下达数的，根据未下达的用款额度，借记"财政应返还额度——财政授权支付"科目，贷记"财政拨款收入"科目。

下年初，单位根据代理银行提供的上年度注销额度恢复到账通知书作恢复额度的相关账务处理，借记本科目，贷记"财政应返还额度——财政授权支付"科目。单位收到财政部门批复的上年未下达零余额账户用款额度，借记本科目，贷记"财政应返还额度——财政授权支付"科目。

三、本科目期末借方余额，反映单位尚未支用的零余额账户用款额度。年末注销单位零余额账户用款额度后，本科目应无余额。

……

8102 财政拨款结余

一、本科目核算单位取得的同级财政拨款项目支出结余资金的调整、结转和滚存情况。

二、本科目应当设置下列明细科目：

（一）与会计差错更正、以前年度支出收回相关的明细科目

"年初余额调整"：本明细科目核算因发生会计差错更正、以前年度支出收回等原因，需要调整财政拨款结余的金额。

年末结账后，本明细科目应无余额。

（二）与财政拨款结余资金调整业务相关的明细科目

1. "归集上缴"：本明细科目核算按照规定上缴财政拨款结余资金时，实际核销的额度数额或上缴的资金数额。

年末结账后，本明细科目应无余额。

2."单位内部调剂"：本明细科目核算经财政部门批准对财政拨款结余资金改变用途，调整用于本单位其他未完成项目等的调整金额。

年末结账后，本明细科目应无余额。

（三）与年末财政拨款结余业务相关的明细科目

1."结转转入"：本明细科目核算单位按照规定转入财政拨款结余的财政拨款结转资金。

年末结账后，本明细科目应无余额。

2."累计结余"：本明细科目核算单位滚存的财政拨款结余资金。

本明细科目年末贷方余额，反映单位财政拨款滚存的结余资金数额。

本科目还应当按照具体项目、《政府收支分类科目》中"支出功能分类科目"的相关科目等进行明细核算。

有一般公共预算财政拨款、政府性基金预算财政拨款等两种或两种以上财政拨款的，还应当在本科目下按照财政拨款的种类进行明细核算。

三、财政拨款结余的主要账务处理如下：

（一）与会计差错更正、以前年度支出收回相关的账务处理

1.因发生会计差错更正退回以前年度国库直接支付、授权支付款项或财政性货币资金，或者因发生会计差错更正增加以前年度国库直接支付、授权支付支出或财政性货币资金支出，属于以前年度财政拨款结余资金的，借记或贷记"资金结存——财政应返还额度、零余额账户用款额度、货币资金"科目，贷记或借记本科目（年初余额调整）。

2.因购货退回、预付款项收回等发生以前年度支出又收回国库直接支付、授权支付款项或收回财政性货币资金，属于以前年度财政拨款结余资金的，借记"资金结存——财政应返还额度、零余额账户用款额度、货币资金"科目，贷记本科目（年初余额调整）。

（二）与财政拨款结余资金调整业务相关的账务处理

1.经财政部门批准对财政拨款结余资金改变用途，调整用于本单位基本支出或其他未完成项目支出的，按照批准调剂的金额，借记本科目（单位内部调剂），贷记"财政拨款结转——单位内部调剂"科目。

2.按照规定上缴财政拨款结余资金或注销财政拨款结余资金额度的，按照实际上缴资金数额或注销的资金额度数额，借记本科目（归集上缴），贷记"资金结存——财政应返还额度、零余额账户用款额度、货币资金"科目。

（三）与年末财政拨款结转和结余业务相关的账务处理

1. 年末，对财政拨款结转各明细项目执行情况进行分析，按照有关规定将符合财政拨款结余性质的项目余额转入财政拨款结余，借记"财政拨款结转——累计结转"科目，贷记本科目（结转转入）。

2. 年末冲销有关明细科目余额。将本科目（年初余额调整、归集上缴、单位内部调剂、结转转入）余额转入本科目（累计结余）。结转后，本科目除"累计结余"明细科目外，其他明细科目应无余额。

四、本科目年末贷方余额，反映单位滚存的财政拨款结余资金数额。

8201 非财政拨款结转

一、本科目核算单位除财政拨款收支、经营收支以外各非同级财政拨款专项资金的调整、结转和滚存情况。

二、本科目应当设置下列明细科目：

（一）"年初余额调整"：本明细科目核算因发生会计差错更正、以前年度支出收回等原因，需要调整非财政拨款结转的资金。

年末结账后，本明细科目应无余额。

（二）"缴回资金"：本明细科目核算按照规定缴回非财政拨款结转资金时，实际缴回的资金数额。

年末结账后，本明细科目应无余额。

（三）"项目间接费用或管理费"：本明细科目核算单位取得的科研项目预算收入中，按照规定计提项目间接费用或管理费的数额。

年末结账后，本明细科目应无余额。

（四）"本年收支结转"：本明细科目核算单位本年度非同级财政拨款专项收支相抵后的余额。

年末结账后，本明细科目应无余额。

（五）"累计结转"：本明细科目核算单位滚存的非同级财政拨款专项结转资金。

本明细科目年末贷方余额，反映单位非同级财政拨款滚存的专项结转资金数额。

本科目还应当按照具体项目、《政府收支分类科目》中"支出功能分类科目"的相关科目等进行明细核算。

三、非财政拨款结转的主要账务处理如下：

（一）按照规定从科研项目预算收入中提取项目管理费或间接费时，按照提取金额，借记本科目（项目间接费用或管理费），贷记"非财政拨款结余——项目间接费用或管理费"科目。

（二）因会计差错更正收到或支出非同级财政拨款货币资金，属于非财政拨款结转资金的，按照收到或支出的金额，借记或贷记"资金结存——货币资金"科目，贷记或借记本科目（年初余额调整）。

因收回以前年度支出等收到非同级财政拨款货币资金，属于非财政拨款结转资金的，按照收到的金额，借记"资金结存——货币资金"科目，贷记本科目（年初余额调整）。

（三）按照规定缴回非财政拨款结转资金的，按照实际缴回资金数额，借记本科目（缴回资金），贷记"资金结存——货币资金"科目。

（四）年末，将事业预算收入、上级补助预算收入、附属单位上缴预算收入、非同级财政拨款预算收入、债务预算收入、其他预算收入本年发生额中的专项资金收入转入本科目，借记"事业预算收入"、"上级补助预算收入"、"附属单位上缴预算收入"、"非同级财政拨款预算收入"、"债务预算收入"、"其他预算收入"科目下各专项资金收入明细科目，贷记本科目（本年收支结转）；将行政支出、事业支出、其他支出本年发生额中的非财政拨款专项资金支出转入本科目，借记本科目（本年收支结转），贷记"行政支出"、"事业支出"、"其他支出"科目下各非财政拨款专项资金支出明细科目。

（五）年末冲销有关明细科目余额。将本科目（年初余额调整、项目间接费用或管理费、缴回资金、本年收支结转）余额转入本科目（累计结转）。结转后，本科目除"累计结转"明细科目外，其他明细科目应无余额。

（六）年末完成上述结转后，应当对非财政拨款专项结转资金各项目情况进行分析，将留归本单位使用的非财政拨款专项（项目已完成）剩余资金转入非财政拨款结余，借记本科目（累计结转），贷记"非财政拨款结余——结转转入"科目。

四、本科目年末贷方余额，反映单位滚存的非同级财政拨款专项结转资金数额。

8202 非财政拨款结余

一、本科目核算单位历年滚存的非限定用途的非同级财政拨款结余资金，主要为非财政拨款结余扣除结余分配后滚存的金额。

二、本科目应当设置下列明细科目：

（一）"年初余额调整"：本明细科目核算因发生会计差错更正、以前年度支出收回等原因，需要调整非财政拨款结余的资金。

年末结账后，本明细科目应无余额。

（二）"项目间接费用或管理费"：本明细科目核算单位取得的科研项目预算收入中，按照规定计提的项目间接费用或管理费数额。

年末结账后，本明细科目应无余额。

（三）"结转转入"：本明细科目核算按照规定留归单位使用，由单位统筹调配，纳入单位非财政拨款结余的非同级财政拨款专项剩余资金。

年末结账后，本明细科目应无余额。

（四）"累计结余"：本明细科目核算单位历年滚存的非同级财政拨款、非专项结余资金。

本明细科目年末贷方余额，反映单位非同级财政拨款滚存的非专项结余资金数额。

本科目还应当按照《政府收支分类科目》中"支出功能分类科目"的相关科目进行明细核算。

三、非财政拨款结余的主要账务处理如下：

（一）按照规定从科研项目预算收入中提取项目管理费或间接费时，借记"非财政拨款结转——项目间接费用或管理费"科目，贷记本科目（项目间接费用或管理费）。

（二）有企业所得税缴纳义务的事业单位实际缴纳企业所得税时，按照缴纳金额，借记本科目（累计结余），贷记"资金结存——货币资金"科目。

（三）因会计差错更正收到或支出非同级财政拨款货币资金，属于非财政拨款结余资金的，按照收到或支出的金额，借记或贷记"资金结存——货币资金"科目，贷记或借记本科目（年初余额调整）。

因收回以前年度支出等收到非同级财政拨款货币资金，属于非财政拨款结余资金的，按照收到的金额，借记"资金结存——货币资金"科目，贷记本科目（年初余额调整）。

（四）年末，将留归本单位使用的非财政拨款专项（项目已完成）剩余资金转入本科目，借记"非财政拨款结转——累计结转"科目，贷记本科目（结转转入）。

（五）年末冲销有关明细科目余额。将本科目（年初余额调整、项目间接费用或管理费、结转转入)余额结转入本科目(累计结余)。结转后，本科目除"累计结余"明细科目外，其他明细科目应无余额。

（六）年末，事业单位将"非财政拨款结余分配"科目余额转入非财政拨款结余。"非财政拨款结余分配"科目为借方余额的，借记本科目（累计结余），贷记"非财政拨款结余分配"科目；"非财政拨款结余分配"科目为贷方余额的，借记"非财政拨款结余分配"科目，贷记本科目（累计结余）。

年末，行政单位将"其他结余"科目余额转入非财政拨款结余。

"其他结余"科目为借方余额的，借记本科目（累计结余），贷记"其他结余"科目；"其他结余"科目为贷方余额的，借记"其他结余"科目，贷记本科目（累计结余）。

四、本科目年末贷方余额，反映单位非同级财政拨款结余资金的累计滚存数额。

8301 专用结余

一、本科目核算事业单位按照规定从非财政拨款结余中提取的具有专门用途的资金的变动和滚存情况。

二、本科目应当按照专用结余的类别进行明细核算。

三、专用结余的主要账务处理如下：

（一）根据有关规定从本年度非财政拨款结余或经营结余中提取基金的，按照提取金额，借记"非财政拨款结余分配"科目，贷记本科目。

（二）根据规定使用从非财政拨款结余或经营结余中提取的专用基金时，按照使用金额，借记本科目，贷记"资金结存——货币资金"科目。

四、本科目年末贷方余额，反映事业单位从非同级财政拨款结余中提取的专用基金的累计滚存数额。

8401 经营结余

一、本科目核算事业单位本年度经营活动收支相抵后余额弥补以前年度经营亏损后的余额。

二、本科目可以按照经营活动类别进行明细核算。

三、经营结余的主要账务处理如下：

（一）年末，将经营预算收入本年发生额转入本科目，借记"经营预算收入"科目，贷记本科目；将经营支出本年发生额转入本科目，借记本科目，贷记"经营支出"科目。

（二）年末，完成上述（一）结转后，如本科目为贷方余额，将本科目贷方余额转入"非财政拨款结余分配"科目，借记本科目，贷记"非财政拨款结余分配"科目；如本科目为借方余额，为经营亏损，不予结转。

四、年末结账后，本科目一般无余额；如为借方余额，反映事业单位累计发生的经营亏损。

8501 其他结余

一、本科目核算单位本年度除财政拨款收支、非同级财政专项资金收支和经营收支以外各项收支相抵后的余额。

二、其他结余的主要账务处理如下：

（一）年末，将事业预算收入、上级补助预算收入、附属单位上缴预算收入、非同级财政拨款预算收入、债务预算收入、其他预算收入本年发生额中的非专项资金收入以及投资预算收益本年发生额转入本科目，借记"事业预算收入"、"上级补助预算收入"、"附属单位上缴预算收入"、"非同级财政拨款预算收入"、"债务预算收入"、"其他预算收入"科目下各非专项资金收入明细科目和"投资预算收益"科目，贷记本科目（"投资预算收益"科目本年发生额为借方净额时，借记本科目，贷记"投资预算收益"科目）；将行政支出、事业支出、其他支出本年发生额中的非同级财政、非专项资金支出，以及上缴上级支出、对附属单位补助支出、投资支出、债务还本支出本年发生额转入本科目，借记本科目，贷记"行政支出"、"事业支出"、"其他支出"科目下各非同级财政、非专项资金支出明细科目和"上缴上级支出"、"对附属单位补助支出"、"投资支出"、"债务还本支出"科目。

（二）年末，完成上述（一）结转后，行政单位将本科目余额转入"非财政拨款结余——累计结余"科目；事业单位将本科目余额转入"非财政拨款结余分配"科目。当本科目为贷方余额时，借记本科目，贷记"非财政拨款结余——累计结余"或"非财政拨款结余分配"科目；当本科目为借方余额时，借记"非财政拨款结余——累计结余"或"非财政拨款结余分配"科目，贷记本科目。

三、年末结账后，本科目应无余额。

8701 非财政拨款结余分配

一、本科目核算事业单位本年度非财政拨款结余分配的情况和结果。

二、非财政拨款结余分配的主要账务处理如下：

（一）年末，将"其他结余"科目余额转入本科目，当"其他结余"科目为贷方余额时，借记"其他结余"科目，贷记本科目；当"其他结余"科目为借方余额时，借记本科目，贷记"其他结余"科目。

年末，将"经营结余"科目贷方余额转入本科目，借记"经营结余"科目，贷记本科目。

（二）根据有关规定提取专用基金的，按照提取的金额，借记本科目，贷记"专用结余"科目。

（三）年末，按照规定完成上述（一）至（二）处理后，将本科目余额转入非财政拨款结余。当本科目为借方余额时，借记"非财政拨款结余——累计结余"科目，贷记本科目；当本科目为贷方余额时，借记本科目，贷记"非财政拨款结余——累计结余"科目。

三、年末结账后，本科目应无余额。

第四部分为报表格式，主要规定财务报表和预算会计报表的格式，其中，财务报表包括资产负债表、收入费用表、净资产变动表、现金流量表及报表附注，预算会计报表包括预算收入支出表、预算结转结余变动表和财政拨款预算收入支出表。

　　文件内容概览如下：

第四部分　报表格式

编号	报表名称	编制期
财务报表		
会政财 01 表	资产负债表	月度、年度
会政财 02 表	收入费用表	月度、年度
会政财 03 表	净资产变动表	年度
会政财 04 表	现金流量表	年度
	附注	年度
预算会计报表		
会政预 01 表	预算收入支出表	年度
会政预 02 表	预算结转结余变动表	年度
会政预 03 表	财政拨款预算收入支出表	年度

资产负债表

会政财 01 表

编制单位：＿＿＿＿＿＿＿＿　＿＿＿年＿＿＿月＿＿＿日　单位：元

资产	期末余额	年初余额	负债和净资产	期末余额	年初余额
流动资产：			流动负债：		
货币资金			短期借款		
短期投资			应交增值税		
财政应返还额度			其他应交税费		
应收票据			应缴财政款		
应收账款净额			应付职工薪酬		
预付账款			应付票据		
应收股利			应付账款		
应收利息			应付政府补贴款		
其他应收款净额息			应付利息		
存货			预收账款		
待摊费用			其他应付款		
一年内到期的非流动资产			预提费用		

资 产	期末余额	年初余额	负债和净资产	期末余额	年初余额
其他流动资产			一年内到期的非流动负债		
流动资产合计			其他流动负债		
非流动资产：			流动负债合计		
长期股权投资			非流动负债：		
长期债券投资			长期借款		
固定资产原值			长期应付款		
减：固定资产累计折旧			预计负债		
固定资产净值			其他非流动负债		
工程物资			非流动负债合计		
在建工程			受托代理负债		
无形资产原值			负债合计		
减：无形资产累计摊销					
无形资产净值					
研发支出					
公共基础设施原值					
减：公共基础设施累计折旧（摊销）					
公共基础设施净值					
政府储备物资					
文物文化资产					
保障性住房原值					
减：保障性住房累计折旧			净资产：		
保障性住房净值			累计盈余		
长期待摊费用			专用基金		
待处理财产损溢			权益法调整		
其他非流动资产			无偿调拨净资产 *		——
非流动资产合计			本期盈余 *		——
受托代理资产			净资产合计		
资产总计			负债和净资产总计		

注："*"标识项目为月报项目，年报中不需列示。

……

第五部分为报表编制说明，主要规定了第四部分列出的7张报表的编制说明，以及报表附注应披露的内容。

文件内容概览如下。

第五部分 报表编制说明

一、资产负债表编制说明

（一）本表反映单位在某一特定日期全部资产、负债和净资产的情况。

（二）本表"年初余额"栏内各项数字，应当根据上年年末资产负债表"期末余额"栏内数字填列。

如果本年度资产负债表规定的项目的名称和内容同上年度不一致，应当对上年年末资产负债表项目的名称和数字按照本年度的规定进行调整，将调整后数字填入本表"年初余额"栏内。

如果本年度单位发生了因前期差错更正、会计政策变更等调整以前年度盈余的事项，还应当对"年初余额"栏中的有关项目金额进行相应调整。

（三）本表中"资产总计"项目期末（年初）余额应当与"负债和净资产总计"项目期末（年初）余额相等。

（四）本表"期末余额"栏各项目的内容和填列方法。

1. 资产类项目

（1）"货币资金"项目，反映单位期末库存现金、银行存款、零余额账户用款额度、其他货币资金的合计数。本项目应当根据"库存现金"、"银行存款"、"零余额账户用款额度"、"其他货币资金"科目的期末余额的合计数填列；若单位存在通过"库存现金"、"银行存款"科目核算的受托代理资产还应当按照前述合计数扣减"库存165现金"、"银行存款"科目下"受托代理资产"明细科目的期末余额后的金额填列。

（2）"短期投资"项目，反映事业单位期末持有的短期投资账面余额。本项目应当根据"短期投资"科目的期末余额填列。

（3）"财政应返还额度"项目，反映单位期末财政应返还额度的金额。本项目应当根据"财政应返还额度"科目的期末余额填列。

（4）"应收票据"项目，反映事业单位期末持有的应收票据的票面金额。本项目应当根据"应收票据"科目的期末余额填列。

（5）"应收账款净额"项目，反映单位期末尚未收回的应收账款减去已计提的坏账准备后的净额。本项目应当根据"应收账款"科目的期末余额，减去"坏账准备"科目中对应收账款计提的坏账准备的期末余额后的金额填列。

（6）"预付账款"项目，反映单位期末预付给商品或者劳务供应单位的款项。本项目应当根据"预付账款"科目的期末余额填列。

（7）"应收股利"项目，反映事业单位期末因股权投资而应收取的现金股利或应当分得的利润。本项目应当根据"应收股利"科目的期末余额填列。

（8）"应收利息"项目，反映事业单位期末因债券投资等而应收取的利息。事业单位购入的到期一次还本付息的长期债券投资持有期间应收的利息，不包括在本项目内。本项目应当根据"应收利息"科目的期末余额填列。

（9）"其他应收款净额"项目，反映单位期末尚未收回的其他应收款减去已计提的坏账准备后的净额。本项目应当根据"其他应收款"科目的期末余额减去"坏账准备"科目中对其他应收款计提的坏账准备的期末余额后的金额填列。

（10）"存货"项目，反映单位期末存储的存货的实际成本。本项目应当根据"在途物品"、"库存物品"、"加工物品"科目的期末余额的合计数填列。

（11）"待摊费用"项目，反映单位期末已经支出，但应当由本期和以后各期负担的分摊期在1年以内（含1年）的各项费用。本项目应当根据"待摊费用"科目的期末余额填列。

（12）"一年内到期的非流动资产"项目，反映单位期末非流动资产项目中将在1年内（含1年）到期的金额，如事业单位将在1年内（含1年）到期的长期债券投资金额。本项目应当根据"长期债券投资"等科目的明细科目的期末余额分析填列。

（13）"其他流动资产"项目，反映单位期末除本表中上述各项之外的其他流动资产的合计金额。本项目应当根据有关科目期末余额的合计数填列。

（14）"流动资产合计"项目，反映单位期末流动资产的合计数。本项目应当根据本表中"货币资金"、"短期投资"、"财政应返还额度"、"应收票据"、"应收账款净额"、"预付账款"、"应收股利"、"应收利息"、"其他应收款净额"、"存货"、"待摊费用"、"一年内到期的非流动资产"、"其他流动资产"项目金额的合计数填列。

（15）"长期股权投资"项目，反映事业单位期末持有的长期股权投资的账面余额。本项目应当根据"长期股权投资"科目的期末余额填列。

（16）"长期债券投资"项目，反映事业单位期末持有的长期债券投资的账面余额。本项目应当根据"长期债券投资"科目的期末余额减去其中将于1年内（含1年）到期的长期债券投资余额后的金额填列。

（17）"固定资产原值"项目，反映单位期末固定资产的原值。本项目应当根据"固定资产"科目的期末余额填列。"固定资产累计折旧"项目，反映单位期末固定资产已计提的累计折旧金额。本项目应当根据"固定资产累计折旧"科目的期末余额填列。"固定资产净值"项目，反映单位期末固定资产的账面价值。本项目应当根据"固定资产"科目期末余额减去"固定资产累计折旧"科目期末余额后的金额填列。

（18）"工程物资"项目，反映单位期末为在建工程准备的各种物资的实际成本。本项目应当根据"工程物资"科目的期末余额填列。

（19）"在建工程"项目，反映单位期末所有的建设项目工程的实际成本。本项目应当根据"在建工程"科目的期末余额填列。

（20）"无形资产原值"项目，反映单位期末无形资产的原值。本项目应当根据"无形资产"科目的期末余额填列。"无形资产累计摊销"项目，反映单位期末无形资产已计提的累计摊销金额。本项目应当根据"无形资产累计摊销"科目的期末余额填列。"无形资产净值"项目，反映单位期末无形资产的账面价值。本项目应当根据"无形资产"科目期末余额减去"无形资产累计摊销"科目期末余额后的金额填列。

（21）"研发支出"项目，反映单位期末正在进行的无形资产开发项目开发阶段发生的累计支出数。本项目应当根据"研发支出"科目的期末余额填列。

（22）"公共基础设施原值"项目，反映单位期末控制的公共基础设施的原值。本项目应当根据"公共基础设施"科目的期末余额填列。"公共基础设施累计折旧（摊销）"项目，反映单位期末控制的公共基础设施已计提的累计折旧和累计摊销金额。本项目应当根据"公共基础设施累计折旧（摊销）"科目的期末余额填列。"公共基础设施净值"项目，反映单位期末控制的公共基础设施的账面价值。本项目应当根据"公共基础设施"科目期末余额减去"公共基础设施累计折旧（摊销）"科目期末余额后的金额填列。

（23）"政府储备物资"项目，反映单位期末控制的政府储备物资的实际成本。本项目应当根据"政府储备物资"科目的期末余额填列。

（24）"文物文化资产"项目，反映单位期末控制的文物文化资产的成本。本项目应当根据"文物文化资产"科目的期末余额填列。

（25）"保障性住房原值"项目，反映单位期末控制的保障性住房的原值。本项目应当根据"保障性住房"科目的期末余额填列。"保障性住房累计折旧"项目，反映单位期末控制的保障性住房已计提的累计折旧金额。本项目应当根据"保障性住房累计折旧"科目的期末余额填列。"保障性住房净值"项目，反映单位期末控制的保障性住房的账面价值。本项目应当根据"保障性住房"科目期末余额减去"保障性住房累计折旧"科目期末余额后的金额填列。

（26）"长期待摊费用"项目，反映单位期末已经支出，但应由本期和以后各期负担的分摊期限在1年以上（不含1年)的各项费用。本项目应当根据"长期待摊费用"科目的期末余额填列。

（27）"待处理财产损溢"项目，反映单位期末尚未处理完毕的各种资产的净损失或净溢余。本项目应当根据"待处理财产损溢"科目的期末借方余额填列；如"待处理财产损溢"科目期末为贷方余额，以"–"号填列。

（28）"其他非流动资产"项目，反映单位期末除本表中上述各项之外的其他非流动资产的合计数。本项目应当根据有关科目的期末余额合计数填列。

（29）"非流动资产合计"项目，反映单位期末非流动资产的合计数。本项目应当根据本表中"长期股权投资"、"长期债券投资"、"固定资产净值"、"工程物资"、"在建工程"、"无形资产净值"、"研发支出"、"公共基础设施净值"、"政府储备物资"、"文物文化资产"、"保障性住房净值"、"长期待摊费用"、"待处理财产损溢"、"其他非流动资产"项目金额的合计数填列。

（30）"受托代理资产"项目，反映单位期末受托代理资产的价值。本项目应当根据"受托代理资产"科目的期末余额与"库存现金"、"银行存款"科目下"受托代理资产"明细科目的期末余额的合计数填列。

（31）"资产总计"项目，反映单位期末资产的合计数。本项目应当根据本表中"流动资产合计"、"非流动资产合计"、"受托代理资产"项目金额的合计数填列。

2. 负债类项目

（32）"短期借款"项目，反映事业单位期末短期借款的余额。本项目应当根据"短期借款"科目的期末余额填列。

（33）"应交增值税"项目，反映单位期末应缴未缴的增值税税额。本项目应当根据"应交增值税"科目的期末余额填列；如"应交增值税"科目期末为借方余额，以"–"号填列。

（34）"其他应交税费"项目，反映单位期末应缴未缴的除增值税以外的税费金额。本项目应当根据"其他应交税费"科目的期末余额填列；如"其他应交税费"科目期末为借方余额，以"–"号填列。

（35）"应缴财政款"项目，反映单位期末应当上缴财政但尚未缴纳的款项。本项目应当根据"应缴财政款"科目的期末余额填列。

（36）"应付职工薪酬"项目，反映单位期末按有关规定应付给职工及为职工支付的各种薪酬。本项目应当根据"应付职工薪酬"科目的期末余额填列。

（37）"应付票据"项目，反映事业单位期末应付票据的金额。本项目应当根据"应付票据"科目的期末余额填列。

（38）"应付账款"项目，反映单位期末应当支付但尚未支付的偿还期限在1年以内（含1年）的应付账款的金额。本项目应当根据"应付账款"科目的期末余额填列。

（39）"应付政府补贴款"项目，反映负责发放政府补贴的行政单位期末按照规定应当支付给政府补贴接受者的各种政府补贴款余额。本项目应当根据"应付政府补贴款"科目的期末余额填列。

（40）"应付利息"项目，反映事业单位期末按照合同约定应支付的借款利息。事业单位到期一次还本付息的长期借款利息不包括在本项目内。本项目应当根据"应付利息"科目的期末余额填列。

（41）"预收账款"项目，反映事业单位期末预先收取但尚未确认收入和实际结算的款项余额。本项目应当根据"预收账款"科目的期末余额填列。

（42）"其他应付款"项目，反映单位期末其他各项偿还期限在1年内(含1年)的应付及暂收款项余额。本项目应当根据"其他应付款"科目的期末余额填列。

（43）"预提费用"项目，反映单位期末已预先提取的已经发生但尚未支付的各项费用。本项目应当根据"预提费用"科目的期末余额填列。

（44）"一年内到期的非流动负债"项目，反映单位期末将于1年内（含1年）偿还的非流动负债的余额。本项目应当根据"长期应付款"、"长期借款"等科目的明细科目的期末余额分析填列。

（45）"其他流动负债"项目，反映单位期末除本表中上述各项之外的其他流动负债的合计数。本项目应当根据有关科目的期末余额的合计数填列。

（46）"流动负债合计"项目，反映单位期末流动负债合计数。本项目应当根据本表"短期借款"、"应交增值税"、"其他应交税费"、"应缴财政款"、"应付职工薪酬"、"应付票据"、"应付账款"、"应付政府补贴款"、"应付利息"、"预收账款"、"其他应付款"、"预提费用"、"一年内到期的非流动负债"、"其他流动负债"项目金额的合计数填列。

（47）"长期借款"项目，反映事业单位期末长期借款的余额。本项目应当根据"长期借款"科目的期末余额减去其中将于1年内（含1年）到期的长期借款余额后的金额填列。

（48）"长期应付款"项目，反映单位期末长期应付款的余额。本项目应当根据"长期应付款"科目的期末余额减去其中将于1年内（含1年）到期的长期应付款余额后的金额填列。

（49）"预计负债"项目，反映单位期末已确认但尚未偿付的预计负债的余额。本项目应当根据"预计负债"科目的期末余额填列。

（50）"其他非流动负债"项目，反映单位期末除本表中上述各项之外的其他非流动负债的合计数。本项目应当根据有关科目的期末余额合计数填列。

（51）"非流动负债合计"项目，反映单位期末非流动负债合计数。本项目应当根据本表中"长期借款"、"长期应付款"、"预计负债"、"其他非流动负债"项目金额的合计数填列。

（52）"受托代理负债"项目，反映单位期末受托代理负债的金额。本项目应当根据"受托代理负债"科目的期末余额填列。

（53）"负债合计"项目，反映单位期末负债的合计数。本项目应当根据本表中"流动负债合计"、"非流动负债合计"、"受托代理负债"项目金额的合计数填列。

3. 净资产类项目

（54）"累计盈余"项目，反映单位期末未分配盈余（或未弥补亏损）以及无偿调拨净资产变动的累计数。本项目应当根据"累计盈余"科目的期末余额填列。

（55）"专用基金"项目，反映事业单位期末累计提取或设置但尚未使用的专用基金余额。本项目应当根据"专用基金"科目的期末余额填列。

（56）"权益法调整"项目，反映事业单位期末在被投资单位除净损益和利润分配以外的所有者权益变动中累积享有的份额。本项目应当根据"权益法调整"科目的期末余额填列。如"权益法调整"科目期末为借方余额，以"－"号填列。

（57）"无偿调拨净资产"项目，反映单位本年度截至报告期期末无偿调入的非现金资产价值扣减无偿调出的非现金资产价值后的净值。本项目仅在月度报表中列示，年度报表中不列示。月度报表中本项目应当根据"无偿调拨净资产"科目的期末余额填列；"无偿调拨净资产"科目期末为借方余额时，以"－"号填列。

（58）"本期盈余"项目，反映单位本年度截至报告期期末实现的累计盈余或亏损。本项目仅在月度报表中列示，年度报表中不列示。月度报表中本项目应当根据"本期盈余"科目的期末余额填列；"本期盈余"科目期末为借方余额时，以"－"号填列。

（59）"净资产合计"项目，反映单位期末净资产合计数。本项目应当根据本表中"累计盈余"、"专用基金"、"权益法调整"、"无偿调拨净资产"[月度报表]、"本期盈余"[月度报表]项目金额的合计数填列。

（60）"负债和净资产总计"项目，应当按照本表中"负债合计"、"净资产合计"项目金额的合计数填列。

……

附录为主要业务和事项账务处理举例。本部分采用列表方式以《政府会计制度》第三部分规定的会计科目使用说明为依据，按照会计科目顺序对单位通用业务或共性业务和事项的账务处理进行举例说明

文件内容概览如下。

附录：主要业务和事项账务处理举例

序号	业务和事项内容		账务处理	
			财务会计	预算会计
一、资产类				
1	1001 库存现金			
（1）	提现		借：库存现金 　　贷：银行存款等	—
	存现		借：银行存款等 　　贷：库存现金	—
（2）	差旅费	职工出差等借出现金	借：其他应收款 　　贷：库存现金	借：行政支出 / 事业支出等 [实际报销金额] 　　贷：资金结存——货币资金
		出差人员报销差旅费	借：业务活动费用 / 单位管理费用等 [实际报销金额] 　　库存现金 [实际报销金额小于借款金额的差额] 　　贷：其他应收款 或： 借：业务活动费用 / 单位管理费用等 [实际报销金额] 　　贷：其他应收款 　　库存现金 [实际报销金额大于借款金额的差额]	
（3）	其他涉及现金的业务	因开展业务等其他事项收到现金	借：库存现金 　　贷：事业收入 / 应收账款等	借：资金结存——货币资金 　　贷：事业预算收入等
		因购买服务、商品或其他事项支出现金	借：业务活动费用 / 单位管理费用 / 其他费用 / 应付账款等 　　贷：库存现金	借：行政支出 / 事业支出 / 其他支出等 　　贷：资金结存——货币资金
		对外捐赠现金资产	借：其他费用 　　贷：库存现金	借：其他支出 　　贷：资金结存——货币资金
（4）	受托代理、代管现金	收到	借：库存现金——受托代理资产 　　贷：受托代理负债	—
		支付	借：受托代理负债 　　贷：库存现金——受托代理资产	—

116

序号	业务和事项内容	账务处理	
		财务会计	预算会计
（5）	现金溢余	按照溢余金额转入待处理财产损溢 借：库存现金 　贷：待处理财产损溢	借：资金结存——货币资金 　贷：其他预算收入
		属于应支付给有关人员或单位的部分 借：待处理财产损溢 　贷：其他应付款 借：其他应付款 　贷：库存现金	借：其他预算收入 　贷：资金结存——货币资金
		属于无法查明原因的部分，报经批准后 借：待处理财产损溢 　贷：其他收入	—
（6）	现金短缺	按照短缺金额转入待处理财产损溢 借：待处理财产损溢 　贷：库存现金	借：其他支出 　贷：资金结存——货币资金
		属于应由责任人赔偿的部分 借：其他应收款 　贷：待处理财产损溢 借：库存现金 　贷：其他应收款	借：资金结存——货币资金 　贷：其他支出
		属于无法查明原因的部分，报经批准后 借：资产处置费用 　贷：待处理财产损溢	
2	1002 银行存款		

······

二、新政府会计制度的特点

（一）实现了预算与财务的完整统一

2012 年 12 月《事业单位会计制度》发布实施以来，财政部先后颁布了《医院会计制度》《中小学校会计制度》《科学事业单位会计制度》等相关具体行业事业单位会计制度。但是各领域会计制度体系繁杂和分散、会计指标核算口径迥异，无法全面反映整体财务状况，不同部门、单位会计信息可比性低，影响了政府财务报告信息质量。

新政府会计制度的推行，是对各类行政事业单位的统一性处理，规范了政府各单位和部门的会计行为，将原有的行政单位和各类事业单位的会计制度重新修订、有机整合，相同业务使用相同的会计科目反映，会计报表格式内容相对一致，从根本上消除了各类单位的差异性。在新的政府会计制度下，没有单位性质的分别，这推动了政府会计各科目的核算内容及其报表的完整统一，为政府各部门编制相应的权责发生制财务报告并进而完成成本核算，打下了坚实的财务管理基础，使职能和背景不同的政府各部门间形成有效的对比。

（二）促进了政府预算会计和财务会计的分类核算

为满足预算会计和财务会计双重核算需求，政府预算会计要采取收付实现制，而政府财务会计则要采取权责发生制，这使得会计核算标准体现出分类核算的特点。为此，需要将会计元素分为两类：第一类是政府预算收支表会计，其可完整准确地表明政府的相关预算收入、支出及结余等预算信息；第二类是资产负债表会计，将权责发生制作为其进行核算的关键基础，准确全面地反映出政府有关资产、负债、收入、费用等财务相关信息。

（三）政府预算会计和财务会计具备显著的互补性

新政府会计制度创建了"财务会计和预算会计适度分离并相互衔接"的会计核算模式。

"适度分离"是通过会计要素、编制基础、报告类型三方面对财务会计与预算会计进行分离。对纳入部门预算管理的现金收支业务，同时进行财务与预算会计核算，平行编制两套会计分录，其中：财务会计核算执行权责发生制，期末编制财务会计报表，反映单位的各项财务信息；而预算会计核算执行收付实现制，期末编制预算会计报表，反映单位的预算执行情况，为编制部门决算奠定了基础。

"相互衔接"是通过财务会计与预算会计之间的内在逻辑和平行记账方式使得二者共同反映政府会计主体财务和预算执行情况的信息。在同一会计核算系统中，财务会计和预算会计要素相互协调，财务报告和单位决算报告互为补充，使单位的财务信息和预算执行信息更加全面和完善。

新政府会计制度确立了"3+5要素"核算模式，会计要素包括预算会计三要素和财务会计五要素两类要素。预算会计三要素分别是预算收入、预算支出和预算结余；财务会计五要素分别是资产、负债、净资产、收入和费用。财务会计要素中，以费用要素取代原制度的支出要素，对收入、费用要素内涵做了规范和细化，有别于原制度的收入和支出要素内容，能更准确反映单位的收支情况和资本运行状况，并能科学评价对政府资源管理的能力和预算执行的绩效水平。

财务会计和预算会计平行记账的内在逻辑和钩稽关系通过编制"本期预算结余与本期盈余差异调节表"及在附注中披露来体现。该表揭示了二者的内在联系，使二者核算结果得以相互验证，构建了"预算会计＋财务会计"新的政府会计核算模式。

在统一的会计执行体系中，预算会计和财务会计彼此协调，在形成决算及财务报告方面形成必要的补充，反映政府部门的具体财务执行情况。

（四）突出了公益性与非营利性

新政府会计制度中的财务会计不同于企业营利性财务会计。企业财务会计以投资资产保值增值为目标，核算过程体现的基本要求是资本保全，所以要确认并核算实收资本。政府会计的本质属性是非营利性、公益性，无须资本保全，更不需要确认资本，所以新政府会计制度中，基金类的科目没有保留，政府投入行政事业单位的资金确认为收入。

（五）增强了制度的可操作性

新政府会计制度在附录中采用列表方式以《政府会计制度》中规定的会计科目使用说明为依据，按照会计科目顺序对单位预算通用业务和事项的账务处理进行了举例说明，即对同一项业务或事项除在表格中列出财务会计分录外，还平行列出相对应的预算会计分录（如果有）。

第三节　新政府会计制度对事业单位会计核算的影响

一、新政府会计制度实施的意义

新政府会计制度有着鲜明的特点，主要包括以下三方面：一是采取了二元化、"双主体"平行核算方式，财务会计的功能得到了进一步强化。二元化是指预算会计与财务会计的统一，事业单位每一笔纳入预算管理的现金收支业务，都需要在进行财务会计核算的同时进行预算会计核算，这使得事业单位的预算管理与财务管理做到了内在的统一，二者不再是缺少联系的两个模块，相反成了深度衔接的整体。二是较好地实现了财务会计与预算会计的统一，预算会计与财务会计之间有着良好的互补性，较好地照顾到了不同事业单位的差异性，使得不同的事业单位能够在新政府会计制度的规范下进行横向清晰对比，让事业单位会计工作能够顺利推进。三是进一步突出了事业单位的公益性以及非营利性。

在新政府会计制度出台以后，利用双基础的会计核算模式，将事业单位运行成本准确反映出来，并且合理地对各期费用进行归集处理，持续提高事业单位的预算执行力，不断完善预算管理体系，对财政资金业绩进行科学化的评价。实施与贯彻新政府会计制度，有利于落实建立权责发生制的政府综合报告制度等关键决策。只有更加准确地将事业单位的成本费用、政府资产负债情况直观反映出来，建立现代化财政管理制度，才能在国家治理与单位发展中突出财政的关键作用。政府财务报告除了需要根据权责发生制的核算原则，将政府会计主体的运行成本反映出来之外，还需进一步扩大资产负债的核算范围，并使相关单位能对会计事项、经济业务进行规范化处理，以此反馈实效性较强的信息。采用对外披露财务信息的形式，接受外部监督，对事业单位的内部财务活动进行规范化管控，使得政府财务信息披露具有科学化的特点，不断提升单位的综合服务水平。

新政府会计制度对于事业单位会计核算具有非常重要的价值，这是因为新政府会计制度对于事业单位会计核算工作提出了很多具体要求。落实新政府会计制度，事业单位会计核算质量提升十分明显。新政府会计制度对事业单位会计核算的重要价值可以归纳为以下四个方面：一是明显提升了事业单位会计核算工作的透明度。传统的会计制度下，事业单位会计核算工作并不透明，很多的重要会计信息会被刻意隐瞒。新政府会计制度要求事业单位提供多种会计报表，会计核算的透明度提升明显，这有利于发现会计领域存在的问题，也有利于政府对事业单位加强监管。二是明显提升了会计信息质量。新政府会计制度对于会计科目、会计要素等内容进行了规范，丰富了会计核算内容，对于会计核算方面的权责也进行了明确，因此会计信息质量得到了大幅度的提升。三是明显推动了会计核算职能的充分发挥，新政府会计制度赋予了事业单位会计核算更多的职能，对于事业单位会计核算工作的目标进行了要求，进一步提升会计核算工作的地位，这更有利于会计核算职能的发挥。举例来说，事业单位引入了应收账款坏账准备概念，能够及时了解应收账款的情况，有利于提升应收账款管理水平。四是有利于提升事业单位资源配置的合理性，更好地全面反映事业单位运行情况。举例来说，固定资产折旧费用的合理归集和无形资产摊销可以让事业单位的资产配置更加合理。

二、新政府会计制度对事业单位会计核算的积极影响

（一）重新构建了政府会计核算基础和核算模式

新政府会计制度利用了预算会计与财务会计平行记账的模式，将预算会计与财务会计衔接在一起并适度分离。其中，预算会计实行收付实现制，通过核算得到决算报告。而财务会计则实行权责发生制，经过核算得到决算报告。基于"双基础、双报告"的背景，事业单位应当协调好财务会计要素与预算会计要素，确保双报告能互相完善与补充，以此将预算执行结果、财务数据直观反

映出来。在不断创新核算方式的同时，确保事业单位在资金管理阶段，能将财务管理理念、绩效管理体系、预算管理体系互相融合，做好内部监督的工作，落实资金管理工作，提前做好风险防范工作。

（二）强化财务会计功能，改进预算会计功能

新政府会计制度颁布之后，事业单位在开展财务会计核算工作的阶段，引入了权责发生制，并且在账目处理、会计科目设置等方面突出了财务会计功能的重要性。例如增加收入与费用核算的内容，需要以权责发生制为基础进行核算。在事业单位会计核算的过程中，进一步强化财务会计功能，对编制权责发生制财务报告十分重要，能直观地将运行成本、财务状况展现出来。此外，新政府会计制度合理调整了核算的内容，并且不断完善预算会计的核心功能。对于核算内容来说，预算会计需要做好预算收入、预算支出、预算结余的核算工作。在此基础上，除了以预算法要求的权责发生制为基础之外，都需要以收付实现制进行核算，以此从根源上避免出现虚列预算收支的问题。

（三）提高事业单位财务信息质量

新政府会计制度的颁布，使得事业单位的会计行为逐渐向着标准化发展，并建立了统一的会计准则体系，以此提升事业单位的财务信息质量。

事业单位会计核算从引入权责发生制、扩大会计核算内容和范围、调整会计科目设置、财务处理说明上力求一致、报表设计及填表说明、附注披露等不同角度提高了会计信息的可靠性、全面性、相关性、可比性和可理解性。预算会计核算信息反映出财政拨款的收支结余情况，而财务会计核算信息则将财政拨款的收支结余以及事业单位自身资金的收支情况全体现出来，有利于全面反映事业单位的财务状况，满足多元化信息需求，有利于加深事业单位以及其他报表使用者对事业单位运行情况的全面掌握。大大提升了事业单位财务管理水平，促使预算管理工作稳定实施。

新政府会计制度中对无形资产、固定资产等进行了更加明确的阐述，并引入坏账准备等概念，以此将财产资产值展现出来，保证了事业单位的财务账目公开化、合理化，财务管理效率也显著提升。

（四）有效防范流动资产风险，增强资产安全性

坏账准备的引入，增强了事业单位对应收款项的重视和应有的危机意识，有利于领导层及时调整财务决策，增强账款回收概率，降低流动资产风险隐患，增强国有资产安全性。

（五）整合基建会计功能

新政府会计制度不再要求事业单位对基本建设投资，按项目单独建立基本建设项目财务核算账套、单独核算，而是统一归入"大账"账户来进行会计核算。同时增加一些基建类科目，如工程物资、预付账款下面的二级科目预付备料款、预付工程款，都是专门用于核算基建项目的科目，这样不仅能够完整反映基建项目建设投资完成情况及成本控制情况，还避免了同一经济业务两次会计核算，简化了基建业务的会计核算，在一定程度上提高了事业单位的会计核算质量，有效提升了事业单位会计核算工作效率。

三、新政府会计制度在事业单位会计核算实施中存在的问题

（一）核算难度增加

在新政府会计制度的要求下，事业单位在会计核算工作过程中，采取"双基础、双功能、双报告"的模式，事业单位部门预算所涉及的收支都需要进行双核算，财务会计和预算会计核算工作要同时推进，与之前事业单位所熟知的会计制度大不相同。而且由于处在会计制度改革阶段，多数事业单位还未建立完善的管理体系，其预算会计和财务会计的管理多遵循于一套管理模式，管理重复、管理真空问题并存。比如针对事业单位的工程项目预付款等暂付款的会计处理，按照新政府会计制度要求，没有明确的票据不能进行财务会计确认，而预算会计方面也未针对其确认有明确的管理规范，容易影响单位收入或成本确认精准度，出现费用支出不抵的问题。而且，从事业单位会计核算的变动来看，新政府会计制度下，事业单位会计核算遵循的政策、核算方法等都发生了较大的改变，会计核算复杂化，这对事业单位的核算管理能力提出了较高的要求，而当前多数事业单位财务管理体制还处在改革初期，核算水平有限。

经过改革之后的会计核算方式可以确保单位会计核算的独立性，并且事业单位的预算能够得到更加全面的控制，但从事业单位角度来看，双核算模式的实行无疑增加了会计核算难度，无疑是一项新的挑战，难免会对事业单位会计核算工作带来一定影响，事业单位要及时转变之前的会计核算方式，尽快适应改革后的会计核算方式。

（二）会计人员工作量和难度加大

在未执行新政府会计制度之前，事业单位的经济业务只需要编制一份记账凭证，而在执行新政府会计制度之后，在双核算模式下事业单位必须编制两张

记账凭证，同时事业单位的会计报表编制工作也采用了双报表模式，除了编制预算会计报表外，还应编制财务会计报表，会计报表编制工作逐渐复杂，增加了事业单位会计人员的工作量。事业单位会计人员如果没有深刻理解政府会计制度改革的实质，面对稍微繁杂的业务便无从下手或错误连连，为了更好地完成会计核算工作，会计人员必须提升自身综合能力，准确解读新政府会计制度，平衡财务会计和预算会计之间的关系，加深对新政府会计制度的理解，确保新政府会计制度可顺利落实。

（三）新旧制度衔接工作不到位，管理体系不健全

新政府会计制度对事业单位的会计工作提出了高要求。目前阶段，一些事业单位在政府会计制度的改革初期还存在不少难题。事业单位会计工作正处于摒弃旧制度、应用新制度的转换阶段，虽然现阶段各事业单位也在积极推进新政府会计制度在内部的应用，但整体上还处在摸索阶段，而且新旧政府会计制度的更替也不单单是进行会计科目转换，涉及工作繁多，而事业单位受自身管理能力、政策解读水平等多方面因素的影响，一些事业单位在新旧政府会计制度衔接上还存在一定问题，缺乏相应的制度规章，流程设定不够完善，比如一些事业单位还沿用原政府会计制度下的业务流程管理模式，不但加大了事业单位会计核算风险，也加大了会计核算难度。

（四）会计信息化建设不足，未能配合新政府会计制度实施

目前事业单位会计信息系统整体较弱，相关软件也局限于会计核算、报表的使用，只有为数不多的事业单位可以实现全面信息化，并且不同的部门和行业之间水平各有高低，呈现出发展不平衡状态，会计信息系统的安全性还存在不足，导致数据的保存和信息的传递出现丢失。新政府会计制度，要求采取平行记账等方式有序开展财务管理工作，在此背景下对于事业单位会计信息化建设也提出了更高的要求，会计信息化目前仍沿用旧系统传统财务管理理念和核算方式，财务核算功能明显不足，使新政府会计制度的优势在日常财务管理中难以发挥。

第四节　事业单位实施新政府会计制度的路径

一、构建完善的会计核算制度

通过对传统会计核算制度的进一步完善，进一步发挥制度的核心职能，尤

其是财务报表的编制，需要进一步明确对应的核算内容，另外对于资产负债表、现金流量表等相关内容，同样要提升报告体系的精准程度，借助新政府会计制度的新要求、新标准、新理念，突破传统会计核算工作的束缚，实现对相关核算内容的突破。另外，作为事业单位，其本身的定位是以社会服务为核心的发展，因此要结合新政府会计制度的要求和原则，完善当前会计核算制度的同时，还要充分考虑事业单位的社会定位，进而实现会计核算制度的价值和意义。

二、全面梳理流程和账务，确保新政府会计制度基础信息的准确性

新政府会计制度要求核算方法的根本性变更，因而预算报表和成本核算体系要做相应的变化，事业单位固定资产管理、物资管理、薪酬管理、合同管理、人力资源管理和内控体系等也要做相应的调整，这就需要对现有会计核算办法、人员岗位设置、系统衔接、内部控制风险等进行全面梳理，优化业务和财务的流程，从程序上适应新政府会计制度的要求。与此同时，要对事业单位资产尤其是固定资产进行清查，对现有的固定资产、无形资产、库存物资、对外投资等进行全面清理；清理长期负债和短期负债，进行账龄分析，做好提取坏账的准备；清查基本建设在建工程项目，完工项目及时办理竣工验收和资产入库手续，夯实核算基础，从而确保新政府会计制度实施在准确完整的信息基础上进行。

三、"平行记账"的具体实施路径

"平行记账"是新政府会计制度对日常会计核算的一种理念，贯穿于事业单位会计核算的全过程。财务会计和预算会计都对经济业务进行记录，但记录范围不同。财务会计着眼会计主体的财务状况（财务结果），因此是针对每一笔经济业务进行全面的反映；而预算会计着眼于预算执行，只对纳入当期部门预算管理的现金收支业务才需要进行账务处理，所以前者要大于后者。事业单位的经济活动复杂，如果完全依靠手工录入实现平行记账，不仅严重影响工作效率，也容易造成疏漏。因此，可以基于会计信息系统完成自动对应，从而实现准确、快速地生成事业单位会计信息。从财务会计和预算会计反映活动的范围来看，平行记账自动生成的实现路径一般是由财务会计触发生成预算会计。

实现财务会计与预算会计关联的桥梁还是会计科目。因此，事业单位会计初始化过程中财务会计与预算会计中会计科目的设计对于平行记账是至关重要的。而且现有财务软件实现平行记账的基础还是通过会计科目严格的"一对一"

模式实现的，并不支持"一对多""多对一"模式。进行关联的财务会计科目与预算会计科目要做到最底层关联，即财务会计的明细科目设置结构要与预算会计的明细科目结构完全一致。例如，预算会计科目"事业支出——行政管理支出——基本支出"匹配的财务会计科目结构为"单位管理费——行政管理费——基本支出"，在财务会计中"基本支出"三级明细分类并无实质意义（《政府会计制度》中明确要求预算会计进行"基本支出"与"项目支出"分类核算，财务会计并未要求），完全是出于实现"平行记账"财务会计与预算会计的会计科目匹配。

四、优化会计信息系统

在新政府会计制度中，引入权责发生制对会计信息化提出了更高要求，因此，就需要做好会计信息系统优化。事业单位要根据会计工作实际的需求，来对会计信息系统进行优化，对系统硬件和软件平台等实施完善，对其功能进行改进，来实现对财务信息的动态化管理，并根据单位资产的管理数据库把各部门基础设施的投入额进行分类和汇总，做好各项资产和费用科目的归集整理。另外，还需要做好相应会计信息化人才的培养，这也是权责发生制落实的基本保障。

五、落实政府会计制度改革的试点工作

我国幅员辽阔，事业单位也多，而对于实施新政府会计制度来说，要想降低推行新政府会计制度的成本，实施政府会计制度的改革，并解决实施中遇到的种种困难，就必须提前为新政府会计制度实施做好准备工作，分析新政府会计制度在实际应用中应该实行的措施，并根据试点工作中存在的一些问题，结合试点地区的具体情况以及历史文化因素，不断地对政府会计制度进行调整，从而推进政府会计制度在试点地区的实行。

六、加大会计人员激励

事业单位对新政府会计制度的实施归根结底取决于事业单位会计人员的能力和素质。没有能力突出、素质高的会计人员队伍，新政府会计制度实施将是一句空话。一些事业单位会计人员存在职业倦怠，对学习新知识、新业务、新制度缺乏必要的动力和兴趣。事业单位必须采取有效措施，加大会计人员激励力度，使会计人员能够自发学习新知识、新业务，自发追求自身能力、素质的不断提高。只有事业单位会计人员素质和能力得到提高，新政府会计制度实施才有人力保障，事业单位自身会计工作才更有质量、更有效率。

第四章　大数据时代事业单位会计与财务管理变革

当今世界，随着互联网、物联网等新技术飞速发展，万物互联化、数据泛在化的大趋势日益明显，人类社会正在进入以数字化生产力为主要标志的全新历史阶段。采集、管理、分析、利用好各种海量数据，已成为国家、地区、机构和个人的核心竞争力。21 世纪，大数据时代已经慢慢地到来。本章分为大数据的内涵及特征、大数据技术的现实意义、大数据时代会计与财务管理的信息化变革、大数据时代事业单位会计与财务管理面临的机遇与挑战、大数据时代事业单位会计与财务管理变革的路径五部分。主要内容包括：大数据的内涵、大数据的特征、信息技术对财务工作的主要影响、财务信息化管理的意义等。

第一节　大数据的内涵及特征

当前，大数据时代刚刚开始，大部分相关技术和分析应用可以说从 2010 年前后才开始出现的。虽然大数据的发展应用刚刚起步，但大数据的概念最早源于气象、天文等科学计算中对海量数据的分析处理，而真正引起人们广泛关注的则是来自互联网领域的大数据应用。最早提出大数据时代到来的是全球知名咨询公司麦肯锡，麦肯锡称："数据，已经渗透到当今每一个行业和业务职能领域，成为重要的生产因素。人们对于海量数据的挖掘和运用，预示着新一波生产率增长和消费者盈余浪潮的到来。""大数据"在物理学、生物学、环境生态学等领域以及军事、金融、通信等行业存在已有时日，因为近年来互联网和信息行业的发展而引起人们关注。

一、大数据的内涵

大数据是一个比较宽泛的概念，如果只是从最浅析的层面来理解，可能就是信息繁多、规模庞大。然而，如果只是从数量上的庞大来分析，是无法看出大数据和以往的"海量数据"有什么不同的。

从现代意义上看，大数据可以说是计算机与互联网相结合的产物，前者实现了数据的数字化，后者实现了数据的网络化，两者结合赋予了大数据更加丰富的含义。究竟什么是大数据，由于所从事学科领域的差异，目前学者和专家们并没有对大数据给出一个统一的概念，国内外学者对大数据有着不同的看法。

从技术层面看，大数据是一个抽象的概念，一些学者从技术的角度出发提出大数据是指无法在可容忍的时间内用传统 IT 技术和软硬件工具对其进行感知、获取、管理、处理和服务的数据集合。

有学者从信息资源的角度出发，指出大数据是具有更强的决策力、洞察力和流程优化能力的海量、高增长率和多样化的信息资产。尤其是从事社会科学领域的学者认为大数据的概念内涵不应仅局限在技术层面，他们认为大数据可以定义为在合理时间内采集大规模资料、处理成为使用者更有效决策依据的社会过程。

百度百科中对大数据的定义是：大数据或称巨量资料，指的是所涉及的资料量规模巨大到无法透过目前主流软件工具，在合理时间内达到撷取、管理、处理、并整理成为帮助企业经营决策更积极目的的资讯。

研究机构 Gartner 给出了这样的定义：大数据是需要新处理模式才能具有更强的决策力、洞察力和流程优化能力来适应海量、高增长率和多样化的信息资产。

麦肯锡全球研究所给出的定义是：一种规模大到在获取、存储、管理、分析方面大大超出了传统数据库软件工具能力范围的数据集合，具有海量的数据规模、快速的数据流转、多样的数据类型和价值密度低四大特征。

虽然大数据尚未有公认的定义，但并不意味着大家对这个概念没有较为普遍的共识。从以上定义来看，我们认为大数据是伴随数据信息的存储、分析等技术进步，而被人们所收集、利用的超出以往数据体量、类型，具有更高价值的数据集合和信息资产。总的来说，从概念来看，大数据不仅仅指海量数据，或者说大规模或超大规模的数据资源集合，其更具有四重内涵。

（一）大数据是一种新的数据形态

当前，随着移动服务、电子商务、互联网金融、社交网络等新技术应用的飞速发展，越来越多的人类经济社会运行内容被投射到"云上"，在"云端"进行统一处理并提供服务。有句形象的说法，以前是"人在做，天在看"，现在则是"人在做，云在算"。在这样一个背景下，人类社会产生的数据无论是规模、类型还是处理速度的要求都面临巨大变化。大数据概念出现的最根本历史因素，是人类进入信息时代以来的全球性数据爆炸性增长。有研究认为，当前互联网上的数据以每年50%左右的速度增长，人类90%以上的数据都是最近几年产生的。同时，随着当前社交网络、移动计算和传感器等新的渠道和技术的不断涌现和应用，互联网中越来越多的信息是不规则的半结构化甚至非结构化数据。大数据计算服务的目的，就是对当前互联网领域占据80%以上的结构化和半结构化数据进行智能分析，并且实时地将计算结果通过网络反馈给终端用户。这是看待大数据的第一个视角，即它是一种呈现数据容量大、增长速度快、数据类别多等特征的数据形态。

（二）大数据是一种新的产业业态

当前，围绕大数据存储、传输、处理、加工、开发和应用各个环节，大数据产业的核心生态和关联业态已经初步形成。据估算，2016年，我国大数据市场规模约为2485亿元，预计年均增速维持在30%以上，到2022年，我国大数据产业规模或达13626亿元以上。大数据应用领域的扩展，激发了"互联网+大数据"的商业新模式，一系列基于大数据的产品应运而生，带动物联网、人工智能、无人驾驶等新兴产业加速发展。如裴艳等基于投入产出模型，对我国大数据产业与国民经济各产业部门之间的投入、产出关系进行分析，发现我国大数据产业的带动力系数为1.4150，推动力系数为1.2003，属于第一类部门。其特点为需求拉动力大、供给推动力大，即属于强辐射力、强制约力的产业。

习近平总书记指出："研究表明，全球95%的工商业同互联网密切相关，世界经济正在向数字化转型，我们要在数字经济和新工业革命领域加强合作，共同打造新技术、新产业、新模式、新产品。"大数据技术兼具"使能技术"（Enabling Technologies）和"通用目的技术"（General Purpose Technologies，GPTs）的优点。一方面，大数据技术能够改进和提升既存技术能力，为使用者架设"使然技术"与"应然技术"之间的桥梁，大大提高创新效率；另一方面，大数据技术能够满足各行各业的共性需要，对于国民经济各部门具有十分广泛的辐射带动效应，有助于提升全要素生产率。根据交易成本经济学理论，交易成本源于人的有限理性和机会主义行为。显然，大数据有助于扩展人的理性，减少人的机会主义行为，从而降低交易成本。而从交易成本视角而言，大数据技术是一种具有降低交易成本的技术进步。根据美国联邦储备委员会的研究结果，2004～2012年美国劳动生产率的增长中，数字化技术的贡献度达到43%，接近其他所有技术对生产率增长的贡献之和。正因如此，全球各国在推动数字经济发展时，其着眼点已经远远超出数字化产业本身，而是关注于大数据、云计算等数字技术与实体经济的融合部分，关注数字化技术对于传统行业转型升级的带动辐射作用，全力推动经济模式向形态更高级、结构更合理的方向演进。

（三）大数据是一种新的治理模式

当前，全球信息技术革命持续演进，电子政务发展所依托的信息技术手段正面临重大飞跃，以云计算、大数据、物联网和移动互联网等为代表的新一轮信息技术变革浪潮风起云涌，不仅对产业发展、商业模式、媒体传播、金融服务等领域产生强烈冲击，同时也深刻改变了信息化发展的技术环境及条件，为公共服务、社会管理、政府治理和商业治理提供了更为强有力的科技支撑。

在公共服务方面，全球电子政务领先国家开始普遍开展政府网站用户行为大数据分析与挖掘工作。如美国、英国、澳大利亚、加拿大、日本、韩国、新加坡等数十个发达国家政府门户网站和联合国门户网站均已部署了基于云服务模式的网站用户行为分析系统。通过对海量网站用户访问行为数据的分析和挖掘，提炼用户需求，指导政府提供更加个性化的网上服务，并通过对用户访问规律和点击行为的动态监测，有针对性地改进政府网上服务，精准推送服务内容，使在线服务越来越向智慧化、精准化、主动化的方向发展。

在社会管理方面，国外一些政府部门（如医疗、交通、公安等）已经注重挖掘本部门所掌握的数据价值，更有效地提高部门业务运作效率，提升公众满意度。例如，美国疾病预防控制中心（CDC）利用从多处收集的海量数据，开发了复杂的流感跟踪系统，及时了解疫情变化，并基于流感跟踪系统，建立了专门网站（FluView），每周将数据向公众开放，方便公众查询当地的流感情况。再如，美国警察部门正在兴起一项新的应用——警务预测（Predictive Policing），即基于大数据分析预测一个城市哪个地区最可能发生犯罪事件以及哪里最有可能找到犯罪分子。此外，应用大数据实现精细化的交通治理逐渐成为一种趋势，包括利用大数据分析处理交通拥堵、监测恶劣天气的道路状况、检测道路损毁状况等。

在政府治理方面，以大数据、人工智能等为代表的数字经济蓬勃发展，对政府治理模式提出了一系列全新挑战，各国均在积极寻求适应数字经济时代的政府治理模式创新路径。如针对以大数据、云计算、区块链、人工智能等为代表的 FinTech（金融科技）带来的监管挑战，英国金融行为监管局提出发展 RegTech（监管科技），力求依靠科技手段满足实时、动态监管需求，逐步解决金融监管信息不对称问题，缓解法律滞后等弊端。再如美国密歇根州早在2002 年就建成了世界上第一个网络法院，主要聚焦处理信息技术和新经济领域的纠纷，有效解决目前传统法院审理周期漫长与新经济领域短周期经济活动之间的矛盾。英国学者海伦·马吉茨（Helen Margetts）指出，全球政府治理在经历了传统的韦伯模式和新公共管理（NPM）模式后，正在进入第三个阶段，即数字治理（DEG）模式，其基本特征就是将数字化技术置于机构层级的核心位置，以公民权利为轴心，推动数字化的整体性政府建设。

在商业治理方面，当前大数据已经成为商业智能的代名词，基于大数据的分析和挖掘技术，商业智能已经从过去的报告和决策支持模式跃升到商业预测和未来决策制定（Next-move Decision Making）的模式。另外，大数据通过对企业不同价值链条的动态整合，已形成一种全新的网状、弹性、自组织的业务流程管理格局，还将引发一场战略性的、企业级的、贯穿整个价值链的深度变革。

（四）大数据是一种新的思维理念

大数据的第四层内涵，是在推动产业发展和治理创新的基础上，进一步在认知层面完成对人类社会群体的思维模式改造，发挥大数据融入经济社会发展方方面面的阶乘效应。长期以来，中国社会文化一直缺乏精确的数据意识，中国人的传统习惯是定性思维而不是定量思维，正如胡适先生所说的"差不多"文化，这种文化阻碍了科技在中国的发展，没有精确的数据就没有现代科技。数据文化的本质就是尊重客观世界的实事求是精神，数据就是定量化的、表征精确的事实，重视数据就是强调用事实说话，遵循理性思维的科学精神，因此提升全社会的数据意识、强化数据精神是大数据热的巨大贡献。

著名历史学家黄仁宇先生曾指出，西方人在研究社会经济史时，喜欢使用计量经济学的方法，其实西方其他社会科学在做研究时都有数字化的倾向，用数据来说明问题。比如新制度经济学的福格尔研究美国铁路对美国经济的推动作用时得出其贡献仅为 3%，这个数据的得出需要那个时代的各种相关要素的统计资料。要做这样的研究，其前提是必须有某一时期相关因素的准确的统计资料。

进入 2012 年，"大数据"一词越来越多地被提及，人们用它来描述和定义信息爆炸时代产生的海量数据，并命名与之相关的技术发展与创新。它已经上过《纽约时报》《华尔街日报》的专栏封面，进入美国白宫官网的新闻，现身在国内一些互联网主题的讲座沙龙中，甚至被嗅觉灵敏的国金证券、国泰君安、银河证券等写进了投资推荐报告。

数据正在迅速膨胀并变大，它决定着企业的未来发展，虽然很多企业可能并没有意识到数据爆炸性增长带来的隐患，但是随着时间的推移，人们将越来越多地意识到数据对企业的重要性。正如《纽约时报》2012 年 2 月的一篇专栏中所称，大数据时代已经降临，在商业、经济及其他领域中，决策将日益基于数据和分析而作出，而并非基于经验和直觉。哈佛大学社会学教授加里·金说："这是一场革命，庞大的数据资源使得各个领域开始了量化进程，无论学术界、商界还是政府，所有领域都将开始这种进程。"

大数据其实是一个从量变到质变的转化过程，它代表着在现实生活中，无论是在经济方面，还是在社会实践方面，数据作为一种资源都发挥着重要的作用，与之有关的技术产业、应用都会相互影响、共同前进。从技术角度进行理解，大数据形成质变以后会出现一些新的问题，也就是数据从静态变为动态，从简单的多维度变成巨量维度，并且其种类变得越来越多，现在的分析方法和技术已经不能满足这种数据应用。这些数据的采集、分析、处理、存储、展现都涉及高维复杂多模态计算过程，涉及异构媒体的统一语义描述数据模型、大容量存储建设，涉及多维度数据的特征关联与模拟展现。但是，从最本质的角度进行分析，大数据最主要的还是其应用价值，如果大数据没有应用价值，那也没有什么意义了。

大数据是互联网发展到一定阶段的必然产物。由于互联网在资源整合方面的能力在不断增强，互联网本身必须通过数据来体现出自身的价值，所以从这个角度来看，大数据正在充当互联网价值的体现者。

随着更多的社会资源进行网络化和数据化改造，大数据所能承载的价值也必将不断提高，大数据的应用边界也会不断得到拓展，所以在未来的网络化时代，大数据自身不仅能够代表价值，更是能够创造价值。

从互联网技术体系的角度来看，大数据正在成为推动整个互联网技术向前发展的重要推动力，一方面大数据通过数据价值化将全面促进物联网和云计算的发展，另一方面大数据也为人工智能的发展奠定了扎实的基础，正是由于大数据技术的发展，目前人工智能产品的落地应用效果得到了较为明显的提升。

从产业互联网的整体解决方案来看，大数据正在成为企业重要的生产资料之一，企业可以通过大数据来完成产品（服务）的设计、创新，同时基于大数据也能够全面赋能企业的运营管理，比如企业员工的价值化考核就是大数据一个重要的应用方向。

大数据目前正处在落地应用的初期，当前大数据产业链还需要进一步完善和发展，大数据自身所开辟的价值空间还有待于进一步发掘，可以从三个方面来进行深入，其一是大数据与行业应用的结合，可以从场景大数据分析入手；其二是大数据与物联网的深度结合；其三是大数据与人工智能技术的深度结合。

最后，大数据的落地应用不仅需要技术专家的参与，也需要行业专家的参与，行业专家对于大数据所能扮演的角色会起到决定性的作用，因为大数据本身并不是目的，大数据的应用才是最终的目的，而大数据最终能够扮演什么角色往往由应用者来决定。

二、大数据的特征

（一）数据量大

数据量大，包括采集、存储和计算的量都非常大。大数据的起始计量单位至少是 PB、EB 或 ZB（注：1TB=1024GB、1PB=1024TB、1EB=1024PB、1ZB=1024EB）。物联网和云计算、云存储等技术的发展，人和物的所有轨迹都可以被记录，数据因此被大量生产出来，这与数据存储和网络技术的发展密切相关。移动互联网的核心网络节点是人，不再是网页，人人成为数据生产者，短信、微博、照片、视频都是其数据产品；数据来自无数自动化传感器、自动记录设施、生产检测、环境检测、交通检测、安防检测等；来自各种自动化流程记录，刷卡机、收款机、电子不停车收费系统、互联网点击、电话拨号等设施以及各种办事流程登记等。大量自动或人工生产的数据通过互联网聚集到特定地点，包括电信运营商、互联网运营商、政府、银行、商场、企业、交通枢纽等，形成大数据之海。根据 TechWeb 的报道，在一天之内，互联网上所产生的全部信息量，能够刻 1.68 亿张光盘；可以发出 2940 亿封的邮件；发出的社区帖子能够达到 200 万个，这个数字是美国《时代》杂志 770 年的文字总量；如果是 1.72 亿人在登录 Facebook（脸书），一共需要的时间是 47 亿分钟，在上面要传送 2.5 亿张图片，把这些图片全部打印出来，差不多有 80 座埃菲尔铁塔的高度。但是，随着可供企业使用的数据量不断增长，可处理、理解和分析的数据比例却不断下降。

（二）类型繁多

数据类型包括结构化、半结构化和非结构化数据，这也意味着要在海量、种类繁多的数据间发现其内在关联。互联网时代，各种设备通过网络连成一个整体。个人用户不仅可以通过网络获取信息，还成为信息的生产者和传播者。因此，数据量不仅在爆炸式增长，数据种类也变得繁多。除了简单的文本分析外，还包括网络日志、音频、视频、图片、传感器数据、点击流、搜索引擎、地理位置信息等其他任何可用的信息。比如，在交通领域，交通智能化分析平台数据来自路网摄像头、公交、轨道交通、出租车以及省际客运等运输工具采集的车辆行驶数据，地理信息系统数据，以及通过问卷调查采集的用户数据等。诸如每天浮动车辆产生的记录、交通卡刷卡记录、手机定位数据、出租车运行数据、电子停车收费系统数据等，在体量和速度上都达到"大且多样"的规模。

　　自然，这些数据并非是全新的，有一些是从过去就保留下来的，有所不同的是，大数据时代不仅仅是需要对这些数据进行存储，还需要分析这些数据，从所有的信息内容中获取有价值的信息，如监控摄像机中的视频数据。现在，许多的企业都设置了监控摄像机，如超市、便利店等，起初是为了防范盗窃，但是现在企业利用监控摄像机的数据分析顾客的购买行为。例如，美国高级文具制造商万宝龙，他们过去对顾客的分析都是根据经验和直觉来判断，以此决定商品如何布局，现在他们利用监控摄像机分析顾客在店内的消费行为，更好地对商品排列布局，吸引消费者。通过分析监控摄像机的数据，将最想卖出去的商品移动到最容易吸引顾客目光的位置，使得销售额提高了20%。

（三）价值密度低

　　大数据的价值具有稀缺性、不确定性和多样性，数据价值密度相对较低，但应用价值高，或者说是浪里淘沙却又弥足珍贵，可见大数据运用的真实意义所在。随着互联网以及物联网的广泛应用，信息感知无处不在，如何结合业务逻辑并通过强大的机器算法来挖掘数据价值，是大数据时代最需要解决的问题。"互联网女皇"玛丽·马克尔（Mary Meeker）曾用一幅生动的图像来描述大数据。一张是整整齐齐的稻草堆，另外一张是稻草堆中缝衣针的特写，寓意通过大数据技术的帮助，可以在稻草堆中找到你所需要的东西，哪怕是一枚小小的缝衣针，这揭示了大数据的一个很重要的特征，即价值密度低。保留有用信息，舍弃不需要的信息，发现潜在关联的数据并加以收集、分析、加工，使其变为可用的信息，是大数据价值的真正所在。

　　例如，现在，监控视频运用得越来越多，许多公共场所都装有监控设备，如银行、地铁等地点，并且这些地点的摄像头是24小时运转的，产生的视频数据也是很大的。通常来说，这些视频数据基本上是没有作用的，大家对此不会过多地关注，但是在某些特殊情况下，如公安部门需要获取犯罪嫌疑人的体

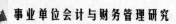

貌特征，虽然有效的视频信息很短，但是却给公安人员带来极大的帮助。因为监控视频中不知道哪几秒是对大家有用的，所以需要全部保留下来，在以后可能就会发挥很大的作用。

（四）速度快、时效强

在信息时代，大数据的一个显著特征是数据产生和更新的速度，这个速度是无法形容的。就像搜集和存储的数据量和种类发生了变化一样，生成和需要处理数据的速度也在变化。不能把速度的定义，简单地认为是与数据存储相关的增长速率，应该动态地把这个概念应用到数据，即数据流动的速度。海量多类型的数据对数据的处理能力提出了更高的要求，现实中对数据的时效性要求上，有一个著名的"1秒定律"，即要在秒级时间范围内给出分析结果，超出这个时间，数据就失去价值了。随着移动网络的发展，人们对数据的时效应用需求更加普遍，比如通过手持终端设备关注天气、交通、物流等信息。搜索引擎要求几分钟前的新闻能够被用户查询到，个性化推荐算法尽可能要求实时完成推荐。

（五）真实性

数据的真实性也就是准确性和可信赖度，即数据的质量。数据的重要性就在于对决策的支持，数据的规模并不能决定其能否为决策提供帮助，数据的真实性才是获得真知和思路最重要的因素，是制定成功决策最坚实的基础。追求高数据质量是一项重要的大数据要求和挑战，即使最优秀的数据清理方法也无法消除某些数据固有的不可预测性，例如，人的感情和诚实性、天气形势、经济因素等。在处理这些类型的数据时，数据清理无法修正这种不确定性，然而，尽管存在不确定性，数据仍然包含宝贵的信息。随着社交数据和企业内容、交易与应用数据等新数据源的兴起，传统数据源的局限被打破，企业愈发需要有效的技术以确保数据的真实性及安全性。

第二节　大数据技术的现实意义

海量复杂的数据随着大数据时代的到来成为当前社会的重要特征，随之而来的是不断丰富并发展的大数据分析技术与处理技术。合理地运用数据处理技术能够使原本庞大的数据变得井然有序，从而能够为人类社会的发展带来更为突出的贡献。如若将大数据环境下的数据与小样数据做比较，就能够体现出前者的多样性与动态异构，并且要比后者更具有价值意义，因此需要借助大数据的分析和挖掘技术，以此来提升数据质量与可信度，而且有助于对数据语义的理解，同时大数据技术还提供了智能的查询功能。

在整个大数据处理流程中，数据分析是最重要的核心部分，因此在进行数据分析的过程中，能够获取到很多智能的、深入的且具有价值意义的信息。目前社会中越来越多的领域在广泛应用着大数据，然而这些大数据的数量与速度以及多样性等属性或特征将大数据不断增长的复杂性呈现了出来，从而可以看出对大数据的分析是至关重要的一步，或者说是数据资源能否得到有效利用的决定性的因素。数据挖掘是大数据进行分析的理论核心，在各种数据挖掘的算法中，不同的数据类型与格式可以更加科学地呈现出数据本身所具备的特点，也正是由于这些人工的统计方法的存在，才使深入数据内部使挖掘价值能够得以实现。从另一角度去看，同时也是由于这些数据挖掘算法的存在，才能够让大数据的处理更加快速。

从本质上看，大数据技术就是从类型各异或内容庞大的数据中快速有效地将有价值的信息获取。随着大数据在当前领域中被广泛地关注，已经有大量新的技术开始不断涌现并跃跃欲试，不仅如此，这些技术即将成为甚至有部分技术已经成为当前大数据采集与存储以及分析与表现中的一种重要工具。

大数据技术的战略意义不在于掌握庞大的数据信息，而在于对这些含有意义的数据进行专业化处理。换而言之，如果把大数据比作一种产业，那么这种产业实现盈利的关键，在于提高对数据的"加工能力"，通过"加工"实现数据的"增值"。

大数据在带来巨大技术挑战的同时，也带来了巨大的技术创新与商业机遇。不断积累的大数据包含着很多在小数据量时不具备的深度知识和价值，大数据分析挖掘将能为行业／企业带来巨大的商业价值，实现各种高附加值的增值服务，进一步提升行业／企业的经济效益和社会效益。由于大数据隐含着巨大的深度价值，美国政府认为大数据是"未来的新石油"，将对未来的科技与经济发展带来深远影响。因此，在未来，一个国家拥有数据的规模和运用数据的能力将成为综合国力的重要组成部分，对数据的占有、控制和运用也将成为国家之间和企业之间新的争夺焦点。

一、大数据技术提升数据处理效率，增加人类认知盈余

大数据技术就像其他的技术革命一样，是从效率提升入手的。大数据技术的出现提升了数据处理效率。其效率的提升是成几何级数增长的，过去需要几

天或更多时间处理的数据，现在可能在几分钟之内就会完成。大数据技术的高效计算能力，为人类节省了更多的时间。我们都知道效率提升是人类社会进步的典型标志，可以推断大数据技术将带领人类社会进入下一个阶段。通过大数据技术节省下来的时间，人们可以去消费、娱乐和创造。未来大数据技术将释放人类社会巨大的产能，增加人类认知盈余，帮助人类更好地改造世界。

二、全局的大数据让人类了解事物背后的真相

相对于过去的样本代替全体的统计方法，大数据技术将使用全局的数据，其统计出来的结果更为精确，更接近真实事物，能够帮助科学家了解事物背后的真相。大数据技术带来的统计结果将带来全新的认知，纠正过去人们对事物错误的认识，影响过去人类行为、社会行为的结论，有利于政府、企业、科学家了解人类社会各种历史行为的真正原因。大数据统计将纠正样本统计误差，为统计结论不断纠错。大数据技术可以让人类更加接近和了解大自然，增加对自然灾害原因的了解。

三、大数据技术有助于了解事物发展的客观规律，有利于科学决策

大数据收集了全局的、准确的数据，通过对大数据的分析和统计，可找出事物发展过程中的真相（例如，分析出人类社会的发展规律、自然界的发展规律等），利用大数据技术提供的分析结果来归纳和演绎出事物的发展规律，通过掌握事物发展规律来帮助人们进行科学决策。

四、大数据提供了同事物的连接，客观了解人类行为

在没有大数据技术之前，我们了解人类行为的数据往往来源于一些被动的调查表格及滞后的统计数据。拥有了大数据技术之后，人类日常行为将通过手机 APP、摄像头、分享的图片和视频等与大数据技术实现对接，从而收集到人类的行为数据，再经过一定的分析，就可以统计或预测人类行为，进而可以更加客观地观察人类的行为。实际上，实现人类行为数据汇聚和分析，不仅有助于了解人类行为特点，而且这些数据最终将聚集成为一个巨大的"矿藏"。大数据技术的一个重要作用就是从中挖掘出重要商业价值。

五、大数据改变过去的经验思维，帮助人们建立数据思维

出现大数据之后，我们面对着海量的数据、多种维度的数据、行为的数据、情绪的数据、实时的数据。这些数据是过去无法获取，甚至是无法想象的，通过大数据计算和分析人们将会得到更可靠的结果。依靠这些结果，人们将会发现决定一件事、判断一件事、了解一件事不再困难。例如，政府可借助于大数据来了解民众需求，抛弃过去的经验思维和惯性思维，掌握社会的客观规律，达到社会"良治"。

六、大数据的冲击力

大数据技术下，整个世界发生了天翻地覆的变化，各行各业因为大数据的统筹分析，综合能力日趋提高。大数据已经涉及所有行业的各单元要素。整个世界的数据实现了以往无法实现的大整合、大分析，实现了高效应用，同时也让整个世界的串联效率提高了。

从各领域以及社会来说，大数据技术实现了效率精确度的巨变，是各行各业的核心竞争力来源，人们的生活水平也显著提高，造就更加高效智能的时代；从就业和人才来看，大数据技术的成熟，势必造就新的社会行业——大数据行业，新行业的兴起，给其他行业提供技术支持的同时也为自身谋得更好的发展前景，人才得到新就业机会实现自身价值的同时也实现社会的前进。

与大数据有关的各个行业也都蒸蒸日上，瞬间成为诸多行业议论的热点。不仅仅是 IT 行业，其他的与 IT 相关的中小型企业都会依托数据更好地武装自己。它们会借着社交网络评论、采集分析的网页流量，还有供应商和客户的软件传感器上的数据，进行分析，采集有用的数据信息，最终达削减成本、合理决策和拉动销售的目的。比如谷歌、百度、新浪、Facebook、阿里巴巴和亚马逊等公司，他们也为越来越多精于数学计算和数据分析的学生提供了平台，工作中可以成为优秀的数据分析师或是数据顾问。他们的工作就是利用大数据搜索海量数据中蕴含的商机、探讨微博展现的舆情以及归纳浏览信息中的购买力等。不论是大公司还是小公司，都不能忽视数据爆炸式增长的问题，要在数据到来前未雨绸缪。抓住每一个可以利用的数据信息，谁能战胜对手谁就能笑到最后，谁能了解并按照客户使用模式和行为方式定义，服务到每一个客户，谁就具备竞争优势。数据已经变成了毛细血管，渗透到社会的每一个细胞。

大数据技术的应用可以说是一个巨大的、多层次、全方位渗入的复杂体系，

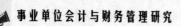

在金融行业、交通行业、医学行业、教育行业等都有应用。有鉴于此，以下仅从几个应用领域阐述。

（1）交通大数据应用

交通大数据应用，也是日常生活中最常规的应用。其一，道路规划问题。利用大数据传感器数据，合理规划车辆路线，降低道路拥挤和交通事故发生概率，同时也提高了人们出行的效率和道路使用效率。其二，信号灯规划。根据不同路段的具体情况，利用大数据分析预测，调节信号灯，巧妙的减少交通事故问题。

（2）医疗大数据应用

医疗行业的患者数据是十分巨大而复杂的，利用大数据技术整合处理，收集病患资料，科学分析，使疾病确诊分析更精确快捷，为患者赢得更多的治疗时间。利用大数据技术建立医疗案例平台，实现专业化医疗形式。

（3）金融大数据应用

金融大数据应用，可以说是最广泛且效果最显著的应用。利用大数据技术进行消费信息分析、产品设计、风险预测、投资决策，提高商业效率的同时给消费者以更精细的体验。比如花旗银行利用 IBM 沃森电脑为财富管理客户推荐产品，美国银行利用客户点击数据集为客户提供特色服务等。

七、人们对大数据技术的体验

就目前而言，大数据技术的应用广泛，人们对大数据技术所带来的体验反馈趋势良好。例如我国的共享经济在大数据背景下得到实质性的发展，滴滴出行、共享单车、医疗问诊、参政议政、个性化营销、超市智能配货等服务都给人以良好的体验。人们对它的期待相当高，对大数据技术的发展应用十分有利。

第三节　大数据时代会计与财务管理的信息化变革

目前时代在不断地变迁中更新换代，不管是否情愿，只有自己能够跟上时代变化的脚步，尽快适应时代的变换才不会被时代所抛弃。无论是针对智慧城市还是智慧企业，无论是物联网还是下一代互联网，甚至是云计算与大数据等一系列的新型理念与新的信息服务方式，这些都逐步进入人们的日常生活当中，成为当下社会中的热点。

人类面临着这一系列的时代发展，不仅是从事信息服务的企业与电信运营商，甚至是百年老店或创业新秀，只有顺应了大数据时代发展的潮流并跟上其脚步，同时及时地调整且审视企业的商业模式，适时地抓住大数据时代所带来的机遇，才能适应这种变化趋势的步伐，事业单位亦是如此。

一、信息技术对财会工作的主要影响

首先，大数据时代的发展，使得企业经营管理发生了巨大变革，其中企业财会工作的模式也是随之发生改变。目前来看，企业依托大数据技术构建的信息化财会系统，使企业传统的财会工作从人工逐渐地转变为了无人，传统的纸质化记录与核算等工作也转变为了电子化的记录与核算。换句话说，在大数据时代下，企业的财会工作正在通过搭建的信息化系统，朝着无人化、自动化的工作方式发展。这种工作方式，将以往财会工作中需要大量人力进行的重复记录、计算等有效地进行了革新，同时对于财会工作上的时间与空间范围也起到了突破作用。当下的财会人员只要在有网络的工作环境中，依托互联网终端设备，就可以快速地依托大数据构建的信息化财会系统进行财会数据的收集、整合、分析以及输出。另外企业依托大数据技术构建财会信息化系统，除了革新了财会工作本身之外，也对财会人员的工作负担起到了减轻作用。在传统的财会工作中，一些简单的会计核算，如费用报销、销售往来等都是一些较为机械且重复的工作，这些性质的工作极大地加重了财会人员的负担，浪费了精力，而在财会信息化系统建设之后，财会人员可以直接利用信息化系统输出的结果，将更多的精力转移到决策与管理上来，提升了财会人员的层次与水平。

今天财会行业所面临的真正挑战在于：日益增长的信息需求的多样性已经完全超出了传统财会界定的范围，也远远超出了传统财会系统的容量。我们必须寻求新的方法，以使我们用比以往更加经济、更具效率的方式完成财会工作。我们认为，信息技术对财会工作的重大影响存在两种可能性：一种可能是当我们充分结合信息技术的特征来改造或重组财会工作过程时，信息技术将改变过去的一切；而另一种可能性则表现在当我们受制于传统的财会工作时，信息技术对财会工作所能实施的影响只是一种"改良"，即借助信息技术改变传统财会工作过程中的低效率、易出错的环节。

（一）能够使财会工作质量有所提升

经调查发现，以往的财会工作开展方式较为复杂，且无法保障信息的精准性。这一问题，使相关企业在财会工作中浪费大量时间，且无法获得应有的反馈。

财会信息化在各企业的有效应用，能够有效解决上述问题。工作人员正确输入相关数据，并按照相关流程展开工作，不但能够使其核算时间大大缩短，还能使其信息的精准性得以有效控制。再加上大数据技术的有效配合，各企业信息整理、分析工作效率显著提升，并且能够在一定程度上，使相关企业其他工作的开展质量得以有效控制。

（二）能够使财会工作范围有所扩大

当代社会，各企业对财会工作要求逐渐提升，且开始展开财会信息化相关工作。为满足企业实际工作需求，工作人员应该积极参与相关培训，使自身的专业素质能够有所提升。财务管理环节工作的开展质量，直接影响企业领导人员的决策质量。财务报表能够将企业信息全面、真实地呈现出来，领导人员借助报表能够实现有效的资金配置效果，并且能够在一定程度上，使相关企业生产环节工作的开展愈加顺利。有关人员借助财会信息化自身特性开展工作，能够使其对市场动态的掌握情况愈加理想，进而使企业资金投入质量得以保证。

（三）能够使财会信息实现资源共享

工作期间，相关人员通常使用计算机完成信息收集、处理工作。受互联网自身特性影响，在这种状态下展开的财会工作，通常能够实现资源共享的效果。在这一背景下，相关企业各部门间的配合度明显改善。当总公司领导人员想查取下属公司资金变化情况时，也能依靠计算机完成该部分工作。这一变化，使企业管理环节工作效率明显提升。比如，当生产部门需要某一产品时，可以上报、传达给采购部门。当采购人员完成该部分工作后，应该及时将产品信息、产品价格等数据上传到相应的程序当中。这一行为，能够使销售人员后期的对账质量得以保证，财会人员的工作开展效率也因此有明显提升。

（四）能够使相关数据的准确性得以保证

财会部门工作涉及大量数据，一旦某一数据出现错误，将直接影响企业决策的科学性。以往各企业多数由人工完成数据收集、分析等工作。在这一背景下，数据的精准度无法有效控制，且很难及时找出错误数据。比如，某工作人员在记录相关数据时，错抄了一项数据，将直接影响财会数据明细以及相关报表的准确性。财会人员使用计算机完成上述工作，能够有效避免这一问题。计算机对数据的控制效果更加理想，工作人员仅需及时、准确地输入相关数据，即可圆满完成此环节工作。

二、财会信息化管理的意义

企业财会信息化管理是企业财会工作史上的一次革命，它不仅仅是财会工作发展的需要，而且是经济和科技发展对财会工作提出的要求，是时代发展的要求。同时，财会信息化管理已成为一门融电子计算机科学、信息科学和会计科学为一体的边缘学科，正在起到带动经济管理诸领域逐步走向现代化的作用。具体来讲，财会信息化管理的意义主要体现在以下几个方面。

（一）促进财会工作效率的提升

之前会计工作主要是采用手工记账的方式，这种方式就会存在很大的问题，会浪费很多的时间，准确度还不高，在处理数据方面也会经常出现错误等。这些问题不仅使得成本花费较高，也会影响财会工作的运行，导致企业内的信息不准确，没有将财会数据的功能表现出来。另外，财会数据还具有传导性。因为手工记账流程极其复杂、工作量特别大，使得数据的处理工作没有什么成效。这也间接妨碍了其他部门的工作，使得企业所花费的成本增多。

在大数据时代，可以利用数据的整合能力以及先进的处理、分析技术，提高财会数据的处理效率，让企业可以实时、有效地分析财会数据，并将这些数据上报相关部门。还可以运用云端的计算和存储能力，让企业内部的财会信息形成合理的框架，让这个数据看起来更标准化，提高财会信息的准确性。

实现财会信息化管理后，只要将记账凭证输入电子计算机，计算机就可以自动、高速、准确地完成大量的数据计算、分类、存储、传输等工作。这不仅可以把广大财会人员从繁杂的记账、算账、报账工作中解脱出来，而且也大大提高了财会工作效率。财会信息系统对财会数据来源提出了一系列规范化的要求，这在很大程度上解决了手工操作中的不规范、易出错、易疏漏等问题，使财会工作更加标准化、制度化、规范化，财会工作的质量得到了进一步的保证。

（二）改善财务分析和预算管理的能力

在企业的实际运营过程中，进行财务分析和预算管理是非常重要的，企业绝对不能忽视。财务分析和预算管理指的是将企业内部的资金流整合在一起，分析其外部经营环境，还需要对下一个阶段财务的使用和管理情况作好报告，预估企业当下的财务实力，为未来的融资规模预测等财务计划提供依据。近几年中国的经济在逐步低发展，发展增速明显放缓，企业资金的流动性变弱，使企业的预算管理变得很难。另外，还有好多企业预算管理没有一个有效的指导，缺乏一定的规划，这也使得数据处理的准确度变得很低。在分析数据的过程中，其技术也比较落后，在管理的控制过程中，其信息化的方式不够，就会使得财务分析预测的水平比较低，不能给企业提供一个较高质量的财务信息，实现财务资源的合理配置。

在大数据时代，可以采用先进的科学技术手段处理财务信息。通过信息化管理，一方面企业可以获取更多有价值的信息，另一方面企业还可以借助大数据、云计算等科学技术创建企业预算管理系统，能够快速地、准确地获取数据。并且还能够在这个前提下分析、预测未来的资金流向，为下期预算编制提供可靠的基础，能够有效地提升企业的预算管理，改善财务部门的分析预测能力。

（三）促进了财会人员素质的提高

财会信息化管理的开展，一方面，由于许多工作是由计算机完成的，财会人员有了更多的时间，可以学习会计和管理方面的新知识；另一方面，要求广大财会人员学习掌握有关财会信息化管理的新知识，从而使广大财会人员的知识结构得以更新，素质得以提高。

（四）促进了财会工作职能的转变

在手工条件下，财会人员整天忙于记账、算账、报账，财会工作只能实现事后核算的职能。采用电子计算机进行财会数据处理后，不仅提高了财会人员的工作效率，使财会人员可以腾出更多的时间和精力参与经营管理，更好地发挥财会人员应有的作用，而且由于电子计算机能够存储并迅速处理大量的数据，实现财会工作的事中控制、事先预测的职能，从而使财会工作能在加强经营管理、提高经济效益中发挥更大的作用。

（五）加强企业财务的风险管理和内部控制

在现代企业经营管理中，企业风险管理越来越重要，占有非常重要的地位。由于许多外在因素的影响，加上现在市场环境的复杂性，对于企业来说，如何应对财务风险是极其重要的，企业必须重视这个问题。现在企业所面临的风险非常众多，内外部环境都不稳定，企业必须采取有效的方式争取资源，完善内部控制机制。对于企业财务风险管理来说，内控机制是基础，把两者有机地结合起来，能够有效地应对财务风险中的问题。在大数据时代，大数据技术的应用以及信息平台的建设，能够给企业带来准确的、真实的财务信息。通过财会信息化管理，采用智能化的处理系统，还可以帮助企业有效进行风险识别和判断，防止风险的出现。

对于风险的识别和判断，可以从以下两个方面进行：①风险预警和防控。

通过大数据的处理系统，能够随时随地地观测财务信息，还可以追踪财务信息，利用智能分析来观察企业的资金走向，能够防控企业财务风险的产生。②风险管理。利用大数据技术和信息处理系统，在发生财务风险以后，能够及时迅速地解决问题，将影响范围缩小到最小，把成本损失降低到最小。

（六）推进了财会制度的改革

财会信息化管理不仅仅是会计核算手段和财务信息处理技术的变革而且必将对会计核算的内容、方式、程序、对象等会计理论和实务产生影响，由于内部控制和审计线索的变化导致审计程序的变更等，为了适应这些变化，财会制度也要进行相应的改革。

（七）奠定了企业管理现代化的基础

现代企业不仅需要提高生产技术水平，而且还需要提高企业管理水平，实现企业管理现代化，才能提高企业经济效益，使企业在激烈的竞争中立于不败之地。财会信息是企业管理信息的重要组成部分，而且多是综合性的指标。实现了财会信息化管理，就为企业管理现代化奠定了基础，并且可以带动或加速企业管理现代化的实现。

三、大数据时代财会信息化存在的问题

（一）信息化意识不足，工作效率低

一些企业的领导，对财会信息化建设并不重视。他们甚至认为，财会信息化建设是一个漫长的过程，不利于企业眼下的发展，无须进行及时性的建设，只要能够平稳营利，就不需要过早、过多的投入，不需要花费过多的人力、物力、财力去建设。这种不思进取的思维、故步自封的意识，严重限制了企业的经济发展。还有一些企业，由于自身经济实力不够雄厚，很难及时引进信息化设备，从而导致财会信息化发展滞缓，信息化水平不高，也会给企业的经济发展埋下安全隐患。长此以往，企业的发展将会遇到越来越多的瓶颈，甚至会威胁到企业的生存。

（二）建设力度不足，财会信息化收效差

在实际的财会信息化建设中，部分企业没有顺应时代发展，没有抓住发展机遇，依然采用传统的财会工作模式，渐渐给企业的发展带来诸多的困难。在传统财会工作模式下，财会部门的工作效率将会变得越来越差。如果企业不找

寻出路，就会使自身失去核心竞争力，甚至会被市场所淘汰。另外，财会信息化建设力度不足，就会使大数据等信息技术失去实质性效用。现阶段我国财会相关法律还不完善，在这种传统工作模式下，一些财会人员很容易钻法律的空子，以及找企业制度的漏洞，从而威胁企业的发展安全。

企业没有有效利用财会核算系统和与之相关的一系列系统，包括固定资产管理分配系统、差旅费申请报销系统、工资和劳务费用发放管理系统，以及资金管理和报表管理系统等，就不利于财会人员在进行财会相关工作时，有效地存续、获取相关财会数据，从而带来不必要的繁杂工作，甚至造成财会信息多次重复录入和统计。使财会部门在进行财会数据信息交互使用时更加复杂，财会工作效率降低。这些系统虽然看似繁杂，但通过集成贯通，实际应用起来，可以在企业的各个部门中，进行各个具体的数据单元处理，实现业财联动，并在完成之后，形成高效的财会数据共享处理机制。

（三）财会信息化制度不完善，安全保障有待加强

财会信息化的发展，需要建立在企业超前的意识上，需要有关领导给予高度的重视和支持。然而一些领导并没有提高财会信息化制度建立力度，没有从长远的利益角度出发，没有给企业明确发展目标，致使企业失去很多发展机会。另外，信息化建设需要依托良好的技术环境。如果技术水平不高，保护能力不强，就会使信息网络安全受到威胁。长期被黑客袭击和病毒侵袭，企业的经济体系就会遭到破坏，必然会给企业的发展带来严重的经济损失。

由于在大数据时代中如互联网等各项技术的广泛应用，因而财会数据也由此获得了丰富的来源，以及复杂多样的类型特点。再加上如今各项技术开放使用，还有突飞猛进的更新速度，这无疑会导致信息失真，同时还为企业财会工作的安全性带来了极大的风险指数。其主要体现在以下两个方面。

1. 用户信息的获取方式较为简单

在大数据时代环境下，当用户应用互联网或电子信息设备等收集或使用数据的时候，在无形当中就可能会泄露部分个人的关键信息，而此时数据供应商就有可能会钻这个空子，这无疑会为企业带来财务方面的威胁。

2. 财会信息可以破解的难度降低

由于大数据的频繁使用，造成财会信息流的交互不断增强，在交易的过程中，就很容易导致源代码流失或密码被轻易破解的情况发生。再加上企业的防火墙等各种信息软件在不断更新，而这在某些方面也会致使企业财会工作中的

信息安全性大大降低。因此，就必须要注重对创新安全工具与防护软件的关注，同时着重关注企业财会信息安全的维护措施。

（四）财务数据分析能力和利用水平有待提升

很多企业在日常财务管理中，过于关注预算、核算以及资金管理是否符合国家法律法规及企业相关规定，使其成为财务管理的工作重点，却忽视对各类财务数据信息的分析和利用，未能帮助企业分析财务预决算数据，并使之与企业经营决策相结合。企业应强化财务部门管理会计职责，借助信息化手段做好预算控制、日常核算、费用报销、资金划拨等基础工作，提升工作效率，减少财务人员占用，使更多的财务人员可以从事管理工作。

四、财会信息化变革方向

信息系统给企业带来的不只是技术上的改变，还重构了企业的经营模式。传统的财会工作主要注重的是核算工作，轻视了管理工作，信息化的财会工作打破了这个常规，将先进的电子信息技术手段和管理手段相结合，以会计信息系统为基础，使财会工作电算化彻底实施，将线下财会变为网络财会。以互联网为平台，进行财会数据的核算、检验、分析、监督和控制，优选财务管理模式和运算功能，将数字化融入管理之中，将管理全面信息化。经济的发展加速了信息技术的发展，核算工作和管理手段合二为一的模式备受推崇，如果一个企业想要提升市场竞争力，就必须对财会工作水平进行提高，因此，企业推进财会信息化是势在必行的。财会信息化不光拓展了财会工作的空间，还提升了财会工作实效，财会工作效能的增加让企业的职能综合性得以增强。

财会信息化是顺势而生的一种新的财会工作方式，物流、资金流、信息流的同步化，财务管理的集成化，财务组织的弹性化，最终造就财会资源供应链化。在企业信息化治理的各个环节，都可以将现代技术应用于财会之中，将信息系统融入财会软件之中，将管理工作和数据信息加入企业的各个环节之中，使企业财会信息得到集成和综合，从而提高财会工作水平和经济效益。进一步来说，信息化的财会工作，体现在数据的录入、信息的整理、运营的虚拟、战略的短现以及职能的综合等方面，这些业务不再单一地属于财会部门，而是将企业的管理部门、财会部门及下属各部门紧密联合起来，令企业运营由上到下，由内到外，整合统一，便于管理。

现阶段的财会信息化还处于不断更新的阶段，随着大数据时代的稳步发展，在后续的财会工作中可能会引入更加高端的 AI 技术对核算工作和管理工作进行同化整合，以更为完善的技术设计出财会机器人或者全自动财会监控软件，将财会工作便捷化，以增加企业内控管理，完善企业的总体制度。

第四节　大数据时代事业单位会计与财务管理面临的机遇与挑战

一、大数据时代事业单位会计与财务管理面临的机遇

（一）大数据时代事业单位财务管理转型契机

"互联网＋管理"思维和方法已经被广泛应用在事业单位财务管理工作当中，随着互联网和信息技术的革新，财务管理工作也受到了极大影响，大数据时代的到来为事业单位财务管理转型提供了契机。大数据知识与技术的有效应用，为丰富、完善事业单位财务管理理论奠定了基础，更为提高财务数据管理质效提供了技术支持。在实践中，大数据技术的融入进一步增强了事业单位财务管理工作的便捷性和高效性，在挖掘数据信息、查找问题线索、实现财务信息共享方面发挥了重要作用。

（二）人工智能发展迅速

大数据时代来临后，事业单位财务管理不能继续以传统的工作模式来应对，而是要不断地从新的角度出发。在大数据时代，人工智能发展十分迅速，现今的部分事业单位财务管理，正在不断地减少人工操作，转而通过人工智能来完成，通过对相关数据、信息、要求的设定，打造特色化的系统功能，可以让事业单位财务管理的出错率不断降低，并且在相关数据的分析上能够获得更加准确的结果。

借由大数据技术，事业单位可以在第一时间对会计信息进行处理，大大提高了对会计处理的效率，提高会计人员工作效率。一直以来，事业单位会计工作都非常复杂而且耗时较多，因为会计人员需要面对海量的数据，对其展开核算、归纳以及编纂财务报告容不得半点失误，一旦有所误差，对事业单位造成的影响是极其严重的。特别是在月末、年末，会计工作量非常巨大。但伴随着大数据技术的应用，会计核算等均可交由计算机来完成，一来节省大量时间、人工成本，二来效率显著提高，失误率降低，可以最短的时间、最高的效率完成工作。

（三）财务数据更加专业化的发展趋势

财务数据更加专业化是现代财务管理的发展趋势。任何企业的财务管理都不断地朝着专业化的方向发展，企业的财务数据必须逐步达到专业水准，利用较少的数据说明较多的问题，事业单位也不例外。而且，对财务数据的分析，必须在最短的时间内完成。现如今行业内的竞争都表现出激烈的特点，倘若在财务管理上花费特别多的时间处理数据，将会影响到企业对黄金发展机会的把握，在某些合作项目上也有可能使企业失去最好的契机。所以，财务数据的专业化能够让事业单位财务管理占据更多的优势。

（四）提高会计信息质量

一直以来，事业单位会计人员的主要工作都是核算，他们的核心工作任务就是对会计数据展开精准核算，以保障数据的真实、有效、精准，通过提升会计信息质量来为事业单位决策、营运管理等提供准确的依据，推动单位的长远、健康发展。但无奈，因为数据量过大，工作任务太过繁重，所以时常会出现核算错误的状况。这不但降低了会计信息质量，也为事业单位的决策制定造成负面影响。不过随着大数据技术的运用，事业单位会计数据核算从人力转由计算机完成，核算水平大大提高，甚至实现质的飞跃，不仅为会计发展带来良好影响，也确保了事业单位运行方向的准确无误。

（五）提升预测功能

事业单位财务管理还有一大不可忽视的功能是对未来营运、决策提供预测。勋伯格在《大数据时代》中表明，预测是大数据技术的核心环节。通过观察可知，以往传统企业会计预测模型均是为了查找和搜寻数据、了解信息彼此间的关联度与规律性，而所得结果和预测信息显然在大数据时代是完全不够用的。但只要信息和数据达成某种联系，那便具有预测的可能性。大数据技术下，会计数据、信息会得到批量处理，这为事业单位财务管理提供了足够的信息来源。从这方面看，为了高效化应用这些大数据带来的较为完整和全面的数据信息，财务管理工作必然要担负预测职责。比如，网上购物中心通常会通过用户登录系统来翻查和分析浏览该商品的客户信息，施展大数据预测功能，判断客户的喜好、关注类型、消费习惯等。获取这些信息之后，便可向客户推介满足其需求的产品，为客户提供更多优选，从而大大提高企业销售获益率，事业单位也是如此。

二、大数据时代事业单位会计与财务管理面临的挑战

当然，大数据时代下事业单位会计与财务管理工作受到的影响并非都是正面的，这种技术的发展也为会计与财务管理工作带来了负面影响。比如，大数据技术的应用提高了财会工作的技术门槛，对财会人员的专业能力和学习能力提出了更高要求；信息量的暴增，也增加了财会工作量，让财会工作的业务内容和工作需求不断增多。

（一）传统财务管理观念已不适应大数据时代

从挑战的角度分析，传统的财务管理观念，难以满足大数据时代的多项要求，并不适合信息化的时代。事业单位财务管理在手段上，过分依赖个人的经验操作，而大数据时代更加尊重科学的手段，主客观方面的冲突表现得非常严重。从这一点来看，事业单位在今后的财务管理工作中，一定要对传统财务管理观念进行转变，要适应时代的发展。

（二）财务信息化＋人工智能全面推进财务管理体系建设

就事业单位财务管理本身而言，在大数据时代所面临的挑战中，还包括财务信息化＋人工智能全面推进财务管理体系建设的挑战。

首先，从传统手段过渡到信息化手段，肯定要对多项影响因素做出处理，还需要在工作架构上做出革新，这些都是要循序渐进的，对于当下的市场和事业单位发展而言，根本不可能有太多的时间进行过渡，因此，在工作的挑战方面表现突出。

现阶段，有些事业单位在推进财务管理工作时，其内部部门之间的统筹和协调工作还不够健全，在财务管理中应用信息化手段的基础条件还比较薄弱。事业单位之间以及单位内部各部门之间在实施信息化手段的过程中所采用的数据和信息标准不统一，也给信息化建设带来了困难，这不利于财务管理工作的推进。

事业单位财务管理信息化系统兼容性较差。当前很多事业单位都已经构建了信息化管理平台，尤其是财务管理软件方面的应用已经比较普及，不管是财务核算软件，还是内部控制软件都相继开始应用，但是这些软件系统之间的内部逻辑关系还没有完全厘清，软件之间的数据和信息的兼容性较差，难以发挥整体信息的效能。

事业单位财务管理仍然存在"信息孤岛"现象。虽然很多事业单位都相继构建了财务管理信息化管理平台，但由于财务管理各模块的信息和数据还未能

实现完全共享，各模块之间的联系没有得到有效应用，使得"信息孤岛"的现象仍然普遍存在。产生这种现象的主要原因在于事业单位财务管理工作各环节之间的协同性和统一性没有达到信息化的要求，影响了信息化管理平台整体功能的发挥。

其次，人工智能的出现对传统的人工操作提出了特别大的挑战，事业单位必须保证人工智能的应用保持在合理的范围内，但该方面的把控是比较困难的，应坚持从长远的角度出发，从而在相关挑战的应对上，逐步取得较好的成就。

（三）缺少数据积累

通常经过长期的数据规划才能够拥有一定数量的数据累积，但是在很多事业单位当中，它们发展初期并没有对数据采取任何的规划措施，这种现象尤其是在传统事业单位中特别明显，因而也就没有一定的数据的累积存在。一般在事业单位中存在的数据，通常和经营核算直接相关的数据存在缺失的情况，如财务数据或客户数据，还有相关产品的数据或营销数据等。

目前在某一些行业当中，部分事业单位并没有使用数字化的存储方式，而只是通过纸质的方式或其他媒介来进行相应的"存储"工作。不仅如此，现在各式各样的存储方式与手段，同样也可能会造成存储格式或标准不能统一管理，从而会直接导致数据应用受到局限。这种没有足够数据可以应用的现状，让数字化工作的开展陷入了尴尬的局面。

（四）数据质量差

虽然有些事业单位拥有部分数据，但是这并不等于说它们能够从这些数据当中体会到其真正的价值所在。由此可见，数据价值的体现完全取决于数据质量。由于在日常生活中存在着很多客观因素，这些因素使得许多数据都会存在着不同的质量问题，如有时数据记录可能会严重丢失、数据存储类型不一致、数据位数不能够统一或数据字段为空，也有可能会出现字段值错误等种种问题。此时就算是将数据通过一定的手段进行修复，也不能完整地再现。那些依赖于较低质量的数据的工作，在某种程度上存在着相当大的风险，不管是在其结论的产生中，还是在其应用中都是一样的。这种现象被称为"垃圾进，垃圾出"。

（五）数据来源匮乏

有时面对事业单位内部数据资源短缺的情况，可以适当地在外面获取相关的数据资源。在目前数据共享的局势下，企业与企业之间是可以自行或通过特定的平台来进行数据的交换或共享，事业单位同样可以通过这种方式来弥补事业单位数据匮乏现象，从而使其成为一种重要的处理方式之一。除此之外，数据还可以通过包括诸如爬虫抓取等众多方式来获取。只不过往往都是通过交换或交易来实现数据获取的，但是针对这一范围的数据却少之又少，并且很大一部分都是已经脱敏或进行转换后的，其中有的是模糊数据，而有的则是粗粒度的数据，而这会对之后的数据深加工处理或价值提取产生不利的影响，从而导致外部数据价值不能完全发挥其功效。

（六）存储空间限制了管理会计数据信息存储

大数据的应用与数据存储之间存在着密切的联系。数据存储需要高效地为上层应用提供数据访问的接口，同时存取 PB 级的数据，有时甚至还会存取 EB 级的数据，并且针对数据处理的实时性与有效性还提出了更高的要求，这些都是传统常规技术没有办法应付的。有一部分状态监控之类要求极高的实时性应用，就更适合使用流处理的模式来实现，可以在数据源经过清洗与集成之后，直接在其之上进行分析。但是由于大部分的应用在后期都需要更深程度的数据分析流程，而这是需要进行存储的。因此大数据存储系统面临着极大的挑战。

①大数据的存储规模极大，一般都能够达到 PB 级，有时候甚至可以达到 EB 级。

②大数据存储管理非常复杂，而且需要兼顾结构化数据与非结构化数据，以及半结构化数据。

③大数据的数据种类繁多，对处理水平的要求也非常高。

所以，大数据技术的运用，提高了对存储空间的要求。因为要搜罗大批量、完整性的数据和信息，来保障数据处理结果的精准、完备，因此也需要相应的存储空间。目前我国事业单位会计信息系统中存储空间极为有限，无法满足大数据对信息存储的需求，这会极大地影响事业单位会计对大数据技术的应用。

（七）事业单位数据分析能力较差

大数据技术的应用一方面需要具备足够的存储空间，另一方面还需要具备超强的数据分析能力。现在我国事业单位会计的核心工作内容是核算，因此会计人员的核算能力较强，但数据分析能力则相对较差，这会对会计信息的处理、会计工作的开展造成阻碍。大数据技术虽然可以搜集大量数据，但数据信息的真实性和价值性还有待分析和校检。

（八）网络安全性问题

大数据时代，海量数据奔涌而来，这其中不免夹杂着诸多个人或者组织的私密性信息。由于事业单位应用了大数据技术之后需要在网络上进行数据传输，以此来获取数据分析的结果，而在这些事业单位当中，最为核心的机密内容往往都是数据传输中大部分的关键数据，尤其是那些对于新产品研发的相关内容。因此，在事业单位大数据技术应用中至关重要的一部分就是网络的安全性问题。根据中国互联网中心的调查结果显示，35%的企业面临着网络安全隐患的问题，而49%的企业已经有了相应的解决方案。但是有29%的受访企业，他们认为现在存在的解决方案与产品，并不能顺应大数据时代及应用其中，甚至有22%的企业还不能够确认网络安全性问题。

大数据技术信息共享机制下，事业单位会计也将遭遇前所未有的安全性挑战，比如客户信息外泄。所以面对数据来源，事业单位会计要做好信息安全工作，时刻谨记安全第一，施行有效措施来应对安全问题。另外，大数据信息都是存储于云空间，随时面临信息安全风险，如果黑客侵袭，会计信息全部消失，那将会带来怎样的后果，可想而知。所以无论从信息的储存方面还是信息的搜集方面，都要注意安全性检查和风险防范。

（九）内部控制制度有待健全

首先，有些事业单位对内部控制制度建设的重视程度有待提升。虽然近年来事业单位对内部控制工作进行规范和调整，也在持续加大内部控制制度的建设力度，但是在实际工作推进中，有些事业单位对内部控制制度建设的重视程度还不够，一些事业单位甚至连基本的内部控制制度和规范都没有构建。还有些事业单位在推进内部控制制度建设方面进展较为缓慢，不能及时发挥内部控制制度的作用。其根源在于事业单位各级管理人员对内部控制制度建设的重要性理解不够，没有正确看待内部控制制度在财务管理工作中的地位。其次，部分事业单位内部控制制度的应用缺乏深度。随着大数据时代的到来，有些事业单位内部控制工作的缺陷和不足逐渐暴露出来。例如，在大数据背景下，有些事业单位将内部控制工作列入财务部门职责范围，但是在实际工作中则只发挥财务监督的职能，其他有关控制环节根本就没有涉及。

（十）大数据时代事业单位对于专业及高端财务管理人才需求庞大

由于大数据技术可以算是一种新型的高新技术，但是在事业单位当中，那些原有的信息技术与管理人才，一般都无法完全合乎大数据技术的需求。

2016年底，财政部连续出台了一系列会计改革方面的文件，强调要加强财务管理指引体系建设。大数据时代，事业单位的发展对财务管理人员的要求日益提高，高端财务管理人员是未来财务管理从业人员的必然方向。

第五节　大数据时代事业单位会计与财务管理变革的路径

一、全面加强大数据管理的意识

一些事业单位管理者之所以不重视大数据技术的运用，从根本上说，是因为他们没有意识到大数据对事业单位的实际意义。当前，国内很多事业单位的管理者决策思维仍然比较保守落后，他们仍然秉持原有的思维惯性，思维方式停留在以往信息流通不发达的年代，采用主观的方式来对事业单位运行做出决策。这种固化的思维方式无法满足大数据时代事业单位发展的实际需求，也是十分不科学的。事业单位管理的思维需转换为"数据驱动决策"。因此，对于事业单位管理者来说，其应该主动拥抱时代变革，要意识到大数据技术对于事业单位未来发展的重要作用，要不断提高自身的学习能力，加强对大数据技术的学习，并将其运用到事业单位管理之中，建立以信息化管理为核心的事业单位财务管理模式，以创新事业单位财务管理为目标，以完善事业单位管理信息化制度为手段，实现事业单位的可持续发展。确保事业单位能在规模扩大和业务迅速发展的同时具有良好的管理体制，促进事业单位的可持续发展。

要想建立多元化的财务管理目标，需要重新建立新的管理模式和方式。财务管理的模式需改变为远程处理和集中管理，这种管理模式有助于事业单位财务管理的顺利开展。除此之外，这种管理模式能够每时每刻监控财务状况，有利于避免财务风险。远程报表和远程查账、审计等方式可以使事业单位工作人员通过互联网对数据进行处理，提升事业单位的竞争能力。

二、积极构建基于云计算的会计信息管理平台

事业单位管理者不仅要提升自身对于大数据技术的重视程度，同时也要积极采取有效措施构建基于云计算的会计信息管理平台，切实提高管理会计运行效率。现代事业单位的会计管理过程中涉及海量的数据，云计算技术的运用能

够为会计信息处理提供坚实保障，能够及时对多样化的海量数据进行处理分析。云计算技术的应用还能够有效提高会计人员对信息的反应速度，从而为事业单位决策提供更具有价值的参考信息。随着信息技术的飞速发展，云计算、云平台等新技术、平台不断涌现。大数据时代，信息资源由以往的静态逐渐朝着动态虚拟的方向转变，事业单位借助这些新的技术、平台，在面对繁杂多样的信息时，能够对其进行高效的挖掘处理，有效提升事业单位内部的管理效率。对于与事业单位发展密切相关的，对事业单位未来发展具有创造性价值的数据，事业单位可以通过会计信息管理平台，对这些数据进行重点关注和深层次挖掘，从而实现合理利用。因此，面对着大数据时代给事业单位会计带来的挑战时，事业单位要提高内部管理技术，构建基于云计算的会计信息管理平台，提高事业单位管理水平，在竞争中占据有利地位，提高事业单位综合实力。

三、正确定位，整体规划，建立适合自己的信息化系统

新型的财务软件，可以实现数据共享，事业单位能够在人、财、物方面实现一体化，不会像传统的财务软件的功能那样过于独立。而要实现远程控制、移动支付等多种服务，就需要研发出新的适应发展的财务软件。业务数据的准确性和实时性，也将会为相关部门提供便利。软件的更新，极大地有利于现代经济时代的发展进程。

事业单位应该进行正确的自身定位，做好整体的规划，建立适合自己的信息化系统，以事业单位的需求确定开发软件的方向，促进财务管理信息化的建设。所以，事业单位应根据自身管理的实际要求，将软件的开发和使用结合起来。该软件的管理人员不论在何处都可以查到所需的财务信息，管理人员可依据需要进行大致的结算，迅速做出决策。在使用过程中，对管理模式进行适当的改变，达到持续优化，最终实现事业单位管理需求满足的最大化。

四、拓展存储空间，健全存储体系

为了确保事业单位会计水平的不断提高，在运用大数据技术时，必须要拓展数据存储空间，为大数据技术海量信息提供栖身之所，同时施行相应的安全措施，确保数据信息的安全私密。比如在目前的存储空间基础上，尝试找寻新的存储空间，加强会计人员对安全性的把控认知，提高其风险防范意识。

五、提高大数据分析能力

首先，加强对大数据分析能力的重视，事业单位自上而下建立有效认知，不但要收集、存储海量信息，还要看重对数据分析处理的能力。其次，加强数据分析能力培养，确保从繁多的数据中挑选出对事业单位有益的安全性高的数据，从而当作决策参考。

六、创建大数据信息安全保障机制

在事业单位的经营管理过程中，管理会计所涉及的数据信息直接反映着事业单位的运营情况，对于事业单位未来发展有着关键性的价值。事业单位管理者要切实强化对会计信息的安全防护工作，运用大数据技术，对财务会计进行充分管理。为了保障大数据信息的安全性，事业单位要高度重视大数据信息安全，定制健全的数据信息安全机制，对数据信息的安全性展开深入透彻的研究，对有关问题以及可能出现的风险订立健全的举措机制进行防范。同时为了提升会计数据信息安全性，重点展开技术创新研究，提高信息安全技术，最大程度保障数据信息的安全。在开展数据处理、存储工作时，设立多层防火墙，确保数据安全万无一失。

具体来说，第一，事业单位管理者应当加强对大数据技术的研究和开发工作，可以通过与第三方大数据公司合作，或引进相关专业数据人才的方式，加强对相关先进技术的研发工作，同时也要强化对数据资源开发的资金投入力度。第二，事业单位管理者应当重视内部财会信息系统的网络安全防范，切实加强事业单位经营信息，尤其是财会信息的安全性。比如说，事业单位内部要制定相关的信息安全制度，对于不同密级的信息制定相应的信息管理方式，可以通过分裂密钥的方式，对信息系统和相关机密性的数据进行加密，防止信息被窃取。第三，事业单位在购买相关的财务软件时，要选择业内具有良好口碑的软件供应商，采购人员要严格把控采购流程，选择出可靠的供应商，在签订协议时要要求供应商做好相关信息的保密工作。第四，从政府层面来讲，有关部门要加强对事业单位信息安全的管理工作，加强信息安全的宣传工作，同时要结合相关法律法规，对于出于不良目的窃取数据信息的行为进行惩罚。

七、大数据技术专业人才建设

事业单位可以选择由单位来提供相关数据，采用专业机构来进行分析挖掘，这样就只需要招募极少一部分的专业人员。因为事业单位要想完成大数据技术实施的各个环节，就必须要有数据科学家与数据架构师，还需要有相应的数据分析师与数据可视化专家，以及相关业务的分析师与研究分析师，同时还要具备各类诸多的专业人员才能顺利实施。这样一来，事业单位所需要的人员相对较多，此时就必须要用多种渠道来聚集人才，或者选择从外部招募一批相关技术专业人员，或者对现有的技术人员进行专业的大数据课程培训。除此之外，还可以通过与高校或科研机构合作，以此来定向地培养事业单位所需的大数据技术专业人才，并加以利用。

八、提高财会人员素养

首先，财会人员要树立全新的思维理念和方式，紧跟时代和科技发展步伐，加强自我能力修养，时刻保持对知识、新事物的好奇和渴望，与时俱进更新自我观念与技术。其次，事业单位要加强对财会人员的培训力度，按照大数据技术在财会行业发展需求，展开针对性的内容培训和技术提升，完善财会人员职业技能，让财会人员能够将这一技术运用到实际工作之中，提高事业单位的运行效率，以便在大数据时代更好地提升事业单位的市场竞争力

无论是自我精进，还是参与第三方培训，都要注意财会人员除了要具备核心的财会技能外，还要具备下述几项能力：第一，做到对各种不同类型的数据收集、整合。收集、整合未加处理的或者事业单位很难获寻到的数据，用来展开分析、组织评估和预测。第二，不断学习全新的分析技术。大数据系统数据类型多种多样，所以财会人员要学会对各类型数据分析处理，确保分析结果的深刻化、精准化。第三，学习拆解数据，也就是运用大数据来讲故事，精确分辨数据信息的价值性，进行分类汇总，将之分配到各自的应用区间，以待后续运用。

财会信息化的特点决定了财会人员必须具备财会和经济理论、良好的职业素质，还要不断学习新的知识，提高财会信息化的水平。

第五章 事业单位会计与财务管理创新发展路径

随着我国科技水平的不断提高，大数据技术的发展也越来越快，大数据已经渗透到了各行各业中，也帮助了每一个行业实现了其自身服务职能的不断提升，为我国的经济发展打下了坚实的基础。大数据技术的不断发展也带动了各项工作的高效化和便捷化。我国的事业单位作为一类非营利目的的服务职能单位，需要在大数据的背景下，在保证基础服务的同时提升自身的服务职能，保证其所提供的服务可以满足时代的需求。由此可见，事业单位的会计与财务管理工作与时代背景下的大数据结合，从而实现有效的工作创新，势在必行。本章分为完善事业单位会计与财务管理制度、提升事业单位会计与财务管理人员素质、创新事业单位会计与财务管理工作模式、加强对事业单位会计与财务管理工作的监督四部分。主要内容包括：保证各项法律规章的完善性、创新管理制度、构建管理体系、资金审批、使用和管理全流程信息化处理等。

第一节 完善事业单位会计与财务管理制度

事业单位的会计与财务管理制度是进行会计核算和财务管理的参考和准则，由于事业单位反映资产负债信息的需求、推进绩效考核的需要和强化预算管理的目标，事业单位会计与财务管理制度的完善有利于规范会计核算和财务管理。

一、保证各项法律规章的完善性

在事业单位开展财会工作之前，应充分考虑事业单位发展形势和财会工作要求，同时制定符合财会工作的法律规章制度，保证有关部门所制定的规章条例符合《会计法》的内容，强化各项法律规章在事业单位财会工作中的作用效果，完善事业单位财会制度，使得事业单位财会工作顺利开展。而且在有关法律规章的支持下，还能对事业单位财会工作实施监督指导，一旦相应工作出现问题，有关部门就可以在各项规章制度的支持下解决事业单位财会工作中出现的问题。

二、建立健全财务管理制度

在市场经济条件下，建立健全事业单位财务管理制度已经是当前我国一项非常迫切的重要任务，必须从多方面入手，认真加以切实解决。首先，在财务部门的组织下，联合其他相关的部门共同进行财务管理制度的制定，使得整个制度更加的规范，促进其适用性的提升，进而保障核算的质量和准确性。其次，政府事业单位的财务管理制度应该主要集中在收入管理、支出管理和现金管理三个方面。收入管理中需要将专项拨款以及补贴收入等纳入核算的范围，这可以保障事业单位的资金被统一的分配和管理，会有效地降低贪污或者是徇私等违法行为的发生。支出管理需要集中在审批程序管理方面，强化对审批环节的监督，保障支出的资金可以被使用到应该使用的地方；同时，对于报销也应该有严格的审批程序，确保整个程序的规范性，可以保障支出管理的有效性与科学性。现金管理，这是事业单位发展的一个重要基础，要做到收付有据，而不是坐收坐支，对于相关的手续以及账目要进行仔细的审核对照，保障其准确性，这是事业单位财务状态的直接证明。最后，财务管理制度要根据事业单位的实际情况进行完善，比如说单位的资产存量以及债务结构，还有绩效管理制度以及采购制度等等，都需要在满足事业单位实际需求的情况下进行改善，这种做法可以保障创新制度与事业单位的匹配度，促进相关制度的落实和应用。

具体措施可以参考下面几个方面：

（一）建立现金交接制度和支票使用登记制度

事业单位要建立现金交接制度和支票使用登记制度。设置现金收款登记簿，用于记录创收活动中收到的现金。现金收款登记簿应记载收款日期、金额、合同号、收款人、交款人等详细事项；开具的现金收款单应有收款人和交款人签字。设置支票使用登记簿，记载使用（或作废）支票的日期、号码、金额、使用人等详细信息。上述两类登记簿应作为会计档案保管。

（二）建立往来款项管理制度

事业单位要定期对往来款项进行全面清理，并将清理情况（清理前账面明细和挂账时间、已清理数额、清理后账面明细）报到财务计划部门。事业单位往来款项原则上不应跨年度，严禁事业单位将公款借给个人私用，个人借款办公事原则上不应跨月份，严禁个人借没有支出的大额现金（借多少还多少，或只使用一小部分），借款单应注明具体用途，实际使用用途与借款单列示的用途应相符。

（三）完善收入合同管理制度

事业单位要加强创收收入（包括科技服务收入、资产出租收入等）合同管理，设置专人负责合同管理工作。事业单位从事创收活动时，必须签订合同，合同

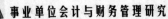

应当连续编号。在取得收入时，合同金额、发票金额与收到款项必须一致方可入账，若是三者不一致，必须由有关人员书面写出原因，按规定权限报批后入账。对已签订了合同或协议，并且服务对象将服务款一次性付清后，又在执行过程中，由于各种原因造成服务项目终止，需要给服务对象退款的，要写书面说明，并及时修订合同，由单位负责人批准后方可办理退款。合同要按编号整理、存档，不得随意处置、销毁。

（四）切实贯彻执行材料管理制度

事业单位应加强材料采购、验收、存储、发货等各个环节的管理，并建立健全相应内部控制制度。

1. 采购环节

事业单位材料的采购程序参照政府采购有关程序执行，并与供货方签订采购合同，有关材料采购合同应报送财务部门备案。

2. 验收环节

由独立于材料采购人员、保管人员的验收人员对采购的材料进行验收入库，并签发材料入库单。采购人员凭审批手续齐全的发票和经单位负责人签批的材料入库单到财务部门核销相关支出，财务部门对有关原始凭证与采购合同核对一致后予以核销，并按规格、型号等登记材料明细账。

3. 存储环节

材料保管人员应每月一次对库存材料进行盘点，并将库存材料盘点表与财务部门材料明细账核对。核对不一致的应当及时查明原因。

4. 发货环节

根据与服务对象签订的服务合同及施工图纸等资料，应编制材料出库单送财务部门审核，经单位负责人签批后，财务部门核销相应材料明细账；材料保管人员根据审核和签批后的出库单发货。未经财务部门审核和单位负责人签批，材料保管人员不得发货。

对库存材料至少应在编制年度决算前进行全面清查，并据以编制"库存材料盘点报告表"，要详细列材料、物品的账面数、实存数、盘亏盘盈的数量和金额以及盘亏盘盈的原因，经单位负责人审批后交财务部门进行账务处理。

（五）固定资产管理制度

在报销固定资产采购费用时，必须提供审批手续齐全的发票、按审批权限签订的采购合同、单位资产管理部门的验收单，否则财务部门不予报销。其中，属于政府采购制度规定范围内的固定资产要按要求参加政府采购，属于变更政府采购公开招标方式采购的，需提供采购方式变更的批件。对于已购入的固定资产，财务部门要在列支采购费用的同时，记入固定资产账，绝不能等到年底入账。事业单位要严格执行资产清查制度，在年底前组成由财务人员和资产管理人员参加的资产清查小组，着重对固定资产进行一次彻底清查，发现账实不符的情况要及时查明原因，属于漏记的固定资产要立刻补记，确保单位全部固定资产均已入账。

同时，应重视和加强固定资产的投保工作，根据固定资产的性质和特点，确定固定资产的投保范围，严格执行相关的政策。

固定资产使用部门会同资产管理部门负责固定资产的日常维修、保养。应将固定资产的日常维护流程体制化、程序化、标准化，定期检查，及时消除风险，提高固定资产的使用效率，切实消除安全隐患。固定资产使用部门及管理部门应建立固定资产运行管理档案，并据以制定合理的日常维修和大修理计划，并经主管领导审批。固定资产实物管理部门应审核施工单位资质和资信，并建立管理档案；修理项目应分类，明确需要招投标的项目。施工和修理完成后，由施工单位出具交工验收报告，经资产使用部门和实物管理部门核对工程量并审批。重大项目应专项审计。

事业单位应当建立健全固定资产处置的相关制度，区分固定资产不同的处置方式，采取相应控制措施，确定固定资产处置的范围、标准、程序和审批权限，保证固定资产处置的科学性，使单位的资源得到有效的运用。对使用期满、正常报废的固定资产，应由固定资产使用部门或管理部门填制固定资产报废单，经上级部门或授权部门批准后对该固定资产进行报废清理。对使用期限未满、非正常报废的固定资产，应由固定资产使用部门提出报废申请，注明报废理由，单位组织有关部门进行技术鉴定，按规定程序审批后进行报废清理。对于重大固定资产的处置，应当考虑聘请具有资质的中介机构进行资产评估，采取集体审议或联签制度。涉及产权变更的，应及时办理产权变更手续。对出租的固定资产由相关管理部门提出出租或出借的申请，写明申请的理由，并由相关授权人员和部门就申请进行审核。审核通过后应签订出租或出借合同，合同应包括合同双方的具体情况、出租的原因和期限等内容。

三、构建资产管理体系

资产管理不是一成不变的，它来源于实际工作，扎根于事业单位实践，必将随着事业单位的不断发展而变化，资产管理也会在实践过程中不断完善和更

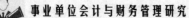

新。资产管理体系，是事业单位发展的基础，传统的资产管理体系是单体系，所以会存在很多的漏洞，然后造成很多违法事件的发生。新政府会计制度采取了双体系，并且应用了平行记账法，这种模式很大程度地改善了资产管理体系，对其中的漏洞进行了完善的弥补。首先，在进行固定资产管理时，主要以权责发生制为管理的基础，会将资产的收益和费用进行有效的配比，进而建立一个成本价值的补偿机制，这个过程中会实现账面的平衡，进而确保账目的完善性。其次，构建一个良好的绩效评价体系，这会强化相关职责的落实，而且还促进了相关人员对于固定资产的投入与产出之间的效益关系有了一个深入的认知，使得资产的实际价值得到反映，保障了核算的准确性。最后，要重视资产折旧相关内容的核算，新政府会计制度中对于资产折旧的相关的标准以及年限等进行了明确的规定，促进了资产评估的合理性和科学性。同时，事业单位需要对以前的资产进行全面的盘点，然后在针对性地进行账目的更新以及统计，全面了解单位资产管理现状，收集现有资产管理制度和规定，通过访谈、观察、查看记录，查找现有资产管理对照资产管理体系标准存在的问题和差距，并分析原因，为建立资产管理体系提供依据和明确重点，为后续的资产管理工作提供良好的数据基础和信息基础；结合资产管理体系标准和资产管理的基本原则，对单位所涉及的资产在全寿命周期的不同阶段管理过程、方法和要求进行策划和规定，确定方针目标，明确岗位职责权限，以及应建立的制度或标准；对资产管理体系的体系文件进行培训，指导单位按资产管理体系的文件要求进行运行，并培训内部审核人员，实施内审，通过体系的内审发现体系的不足，对体系文件进行修改。

四、资金审批、使用和管理全流程信息化处理

资金作为事业单位运营的血液，在提升财会工作智能化水平的过程中，需要重点关注，进一步强化资金管理以及在资金使用过程中的管控。结合国家法律法规和单位内部资金管理制度，将分级授权审批、管控节点、审核要点及要素等固化到信息系统中，形成信息化管理机制和流程，提升资金管理智能化管控水平。通过将线下纸质审批调整为线上审批，提升审批效率；通过将资金使用审批流程与资金付款流程进行联动，减少财务人员重复录入环节，提升支付效率；通过在线审核，减少人为干预，提升业务审核的客观性，减少舞弊行为；通过对付款、收款信息在移动端进行提醒，以及资金监控平台建设，实现对资金流入、流出以及存量的动态管理和实时监控。借助信息化手段，确保资金管理全流程可控、在控，实现资金本质安全。

五、事业单位决策控制

事业单位应当建立健全集体研究、专家论证和技术咨询相结合的议事决策机制。重大经济事项的内部决策，应当由单位领导班子集体研究决定。重大经济事项的认定标准应当根据有关规定和本单位实际情况确定，一经确定，不得随意变更。事业单位的重大经济事项一般包括：大额资金使用、大宗资产采购、基本建设项目、重大外包业务、对外投资和融资业务、重大资产处置以及预算调整等。单位领导班子集体由党委、行政和纪检的主要领导组成。领导班子议事决策规则应当包括议事成员的构成、决策事项的范围、投票表决规则、决策纪要的撰写、流转和保存以及决策事项的贯彻落实和监督程序等。

事业单位经济活动的决策、执行和监督应当相互分离。建立相互分离的决策、执行和监督机制应当适应本单位的实际情况，可以根据经济活动的特点建立联合工作机制。

第二节　提升事业单位会计与财务管理人员素质

随着事业单位内部机制的不断完善，其会计基础工作也得到了更多的重视，提升事业单位会计与财务管理人员（下称会计人员）素质也具有以下几点价值：首先，有助于健全事业单位会计工作秩序。事业单位的运行需要良好的运营环境，其中至关重要的便是构建良好的会计基础工作，并且细化到每一个工作环节，通过提升事业单位会计人员素质有利于在单位内部形成良好的氛围和规范的管理秩序。其次，有助于维护事业单位的财经法律制度。具备高素质和高能力的会计人员也能在工作中更加明确相关财经法规内容，并凭借着自身业务能力和工作素养做到知法懂法守法，切实的保障并维护财经法律制度的深度贯彻。

一、优化会计人才培养环境

要想推动会计人才培养工作有序进行，事业单位应优化会计人才培养环境，认识到环境质量对会计人才培养的影响。首先，提高事业单位领导对会计人才培养的重视程度，使他们认识到会计人才培养与事业单位经济效益之间的关系，比如，可以积极开展多样化培训提高事业单位领导的财务管理意识，在内部营造一个良好的会计人才培养氛围。在这种轻松、愉悦的环境下，激发会计人员的工作积极性，使他们以饱满的精神状态投入岗位工作。其次，鼓励会计人员转变会计观念，摒弃传统落后观念，不断更新会计知识，主动充实自身的会计知识、提高专业技能。此外，可以借鉴以往会计理论成果和实践经验，提高会计技能，确保会计人才培养工作有序开展，最重要的是拓宽财务活动范围，为会计人才培养提供更好的环境。

二、明确会计人才培养方向

事业单位应提高管理意识，明确会计人才的培养方向，制定完善的事业单位会计人才能力框架。首先，构建一个科学的会计人才能力框架，这是提高会计人才培养工作质量的关键，若依旧使用以往的会计人才标准，将难以获得比较理想的会计人才培养效果，所以必须摒弃以往会计人才标准，制定一个合理的、可行的会计人才能力框架，最大限度地提高会计人才培养的实效性。同时也要积极探索和研究会计人才应具备的能力条件，比如，信息分析能力、决策参与能力以及风险控制能力等，这些都是会计人才能力框架中的重要组成部分。其次，制定一个科学的会计人才选拔标准，对会计人才业务能力、职业道德水准严格把关，建立科学合理的会计人才评价体系，以此推动会计人才培养工作有效落实，为事业单位发展创造良好条件。

三、对会计人员组织有效培训

近年来，随着事业单位规模不断扩大，内部组织结构也发生了相应变化，大量日常工作中往往需要会计人员参与，以提高财务管理水平，而会计人员综合素质的高低，将直接影响最终的管理效果。所以事业单位应加强会计人员技能的定期培训，通过培训，不仅可以提高他们的财务理论知识和业务技能水平，还可以提高管理水平和质量，进一步为事业单位各项经济活动提供有力的数据支持。同时，管理人员要发挥领头羊的作用，积极参与技能培训活动，不断充实自己，提高工作能力，为员工树立一个良好的学习榜样。而作为一名合格的会计人员，不仅要做好最基础的记账工作，也要了解其他工作岗位内容，只有这样，才能提高财务工作的实效性及会计人才培养水平，确保我国事业单位实现可持续发展。

定期开展业务培训是提升事业单位会计人员素质的又一重要举措。会计人员是事业单位财务管理工作的主体，会计人员的专业素质水平更多也是决定其工作能力和业务水平的最本质性的因素。那么提升会计人员的业务能力，并安排会计人员定期开展培训是十分有必要的。首先，要加强对会计人员业务能力方面的培训，还要明确相关法律法规以及政策方面的要求，严格按照培训的规定制定员工培训内容，比如基于电子发票的普及，会计人员要及时掌握处理电子发票的能力，如要懂得如何鉴别电子发票的真伪，如何正确对电子发票凭证进行入账处理等技能。针对最新的会计制度及时做好教育培训活动是提升会计人员专业技能的关键。在业务上，会计人员也需要明确自己的职责分配和工作内容。通过业务培训来分别提升会计人员的业务能力，还要设置培训后的考核机制，将考核成果与员工的个人绩效相挂钩，切实提升会计人员的业务能力。其次，会计人员要注重提升自身的求知意识和学习意识，不断地学习新知识，做好财务工作，分别从经济、市场和法律等多个角度入手，结合财务工作中的实际情况，全方位的提升会计人员的综合素质。而事业单位的管理者也需要暗中了解会计人员的自我学习情况，对于自学成果较好的员工给予奖励，并发挥出带头学习的作用，在事业单位中形成良好的学习培训风气。最后，要形成竞争上岗机制，事业单位管理者需转变会计人员安于现状的工作态度，还要加大外聘力度，引入更多高质量会计人才。以竞争上岗的方式，对新老工作人员进行统一的业务能力方面的考核，考核内容不仅包括日常工作内容，还有颁布的新政策以及计算机能力等多个方面，采取优胜劣汰的方式，选择高质量、高能力的工作人员从事财务工作。

最后需要注意的是，教育培训的内容要具有针对性。由于会计人员的知识结构、年龄、工作经历的不同，他们的工作能力也就不同，对应工作问题也就不同。因此，事业单位在组织教育培训活动时必须要深入会计岗位中了解会计人员的实际问题，结合会计人员工作问题开展针对性的教育培训，以此增强教育培训的实效性。

四、建立健全完善的奖惩机制和管理机制

建立健全完善的奖惩机制是提升事业单位会计人员素质的又一重要举措。合理的奖惩机制有助于提升事业单位会计人员的工作积极性，单位管理人员需要建立清晰明确的奖惩制度，使得每位会计人员都能通过单位制定的规章制度形成明确的参照对比，奖惩制度不仅要涉及员工的日常工作还要包括培训和绩效考核。对于完善奖惩管理机制而言，要明确对在岗人员的从业资格，还要按照《会计法》进行整改。与此同时，还要强化各级领导的工作作风，强化各项制度内容和要求渗透到执行部门和执行人员的工作始终，切实形成规范完善的管理机制。妥善安排会计人员的工作，配置可靠的会计人员，适时的安排会计人员进修，要求能够熟练操作各项财务软件，保证整个事业单位内部的会计人

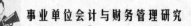

员都能够以良好的姿态去面对工作。除此之外，事业单位还要结合单位的实际情况制定切实可行的激励机制，让会计人员感受到自己工作的价值，从而对会计人员起到更加明确的激励作用。

五、加强职业道德建设

（一）构建良好的内部监管氛围

根据事业单位的经营性质，会计人员作为重要部门的工作人员，坚持以人为本的职业教育和技能培养，是彰显事业单位监管成效，以及人文建设的核心内容，同时也是促进该部门可持续健康发展的基础保障。良好的内部监管氛围，应建立在内部审计制度和用人机制的运行下。从规范化、制度化角度来思考这一问题，提升会计人员的工作态度，确定其职权范围，保证其工作界限的清晰性，进而加大项目监督与跟踪管理力度，确保会计执行和醒目预算的准确性、稳定运行，预防资金动用模块等方面弄虚作假的现象。

（二）强调规范制度的建设

一方面，严格把控会计人员的录用关，提升准入条件。事业单位需要按照《中华人民共和国公务员法》的机关招录程序，将招录会计人员人数和条件上报到当地的人力资源管理部门，保障会计人员是通过人力资源管理部门的统一考核正式录取的，避免走后门等方式的人才招聘，把控会计人员的录用关，提升会计人员的职业道德规范与业务能力。在会计人员招录上，多向有基层会计从业经验的人才倾斜，保障会计岗位工作的实践能力和办事效率。采取竞聘上岗的形式，为优秀的会计人才提供竞争机会和环境。采取竞聘上岗形式，也会对岗位会计人员带来一定的危机感，促使其保持正确积极的工作心态，杜绝出现会计违规操作行为。另一方面，建立健全领导干部的考核机制，提升事业单位对会计人员的职业道德建设重视程度。将全年会计人员的职业道德建设执行情况作为年终考核参考指标，提升领导干部与员工的职业道德建设重视程度，提升考核制度的上行下效落实效率。根据事业单位性质来构建奖惩机制，遵守会计岗位职业道德规范，且表现突出的会计人员，予以奖励。不仅如此，内部监督机制的实施，对于不遵守会计职业道德规范和财务纪律的人员，进行岗位调离和罚款，起到警示的作用。

（三）完善相关法律法规，改善行业环境

结合会计从业环境，完善相关的法律法规，净化行业内部的环境最为重要。

结合当前大背景，会计核算改革问题较为突出。不同性质的事业单位发展情况不同，统一制度必然会引起制度适应性问题。对此，结合地区发展现状，如该地区政治经济发展程度来进行适当的调整，严格制定试行政策与法律法规，是制度法规科学性的表现。对此，关注事业单位会计人员职业道德建设问题，还应在法律法规框架内，加上相关执法部门与岗位监督下构建良好的行业环境。

第三节　创新事业单位会计与财务管理工作模式

近年来，我国社会整体发展质量逐年提升，人民幸福感越来越高，这得益于政府加大了对社会各项功能性事业的投资力度，事业单位作为促进各项事业顺利实施的单位功不可没。同时，随着政府开展会计工作改革，政府也加大了对事业单位资金使用方向的审核监督力度，这就要求各级事业单位需逐步细化会计工作内容和流程，真实客观地体现事业单位的资金运行情况。因此，事业单位务必基于新政府会计制度，结合自身发展现状，创新会计与财务管理工作模式，以此推动单位的健康发展。

一、积极推进新旧会计制度衔接的工作

随着事业单位新会计制度的实施，原有的财务管理工作产生了较大的变化，直接影响了事业单位内的各项工作，原有制度下的核算方式和会计主体发生了重大的变化。所以，相关的工作人员要重视新旧会计制度衔接的问题，对于事业单位的固定资产管理加大力度，对于原制度下的旧账进行仔细对照、重新审计，按照新会计制度对于资产科目划分的规定进行分类管理，并且定期进行抽查。首先，定期组织相关的工作人员进行工作培训，要积极利用先进的信息技术，提高相关工作人员对于新会计制度贯彻落实的工作水平和重视程度。事业单位管理者要组织构建科学健全的会计工作监督体系和制度，对相关的工作人员设立工作目标，要使监督工作落实到新旧会计制度衔接的每一个环节，建立相应的风险预警工作机制，避免出现财务风险和经营风险。其次，要根据本单位内部的实际情况制定相应的工作制度，会计人员要对新旧会计制度的具体变化内容进行整理，结合本单位做出相应的改动计划，有效提高新会计制度落实工作水平，还要对工作制度的变动内容进行内部宣传，确保相关部门的每一位工作人员都能够明确的了解新会计制度的变动内容，为以后新会计制度下会计工作的开展奠定基础。最后，可以建立相应权责发生制，将具体的工作责任落实到

个人，根据员工的工作成绩做出一定的奖惩，这样能够有效地提高新会计制度的落实水平，提高事业单位内的财务管理水平。

二、创新主管部门集中核算模式

首先，基层事业单位会计移交主管部门集中核算，能最大限度地发挥行业主管部门的管理监督作用。主管部门业务对口，熟悉行业特点和主要任务，便于按照业务规程、专业政策进行统一规范的管理，行政隶属关系清晰，避免事业单位与核算中心产生抵触情绪和相互推卸责任。其次，基层事业单位会计移交主管部门集中核算，符合法律规范、公共效率更高。主管部门统筹各基层事业单位资金，在预算范围内调剂所属事业单位之间资金使用，符合相关制度规定，不仅能加快预算执行进度，还能提高资金使用效率，相对于财政集中核算，主管部门集中核算的监督和管理效率更高。最后，基层事业单位会计移交主管部门集中核算，能实现从核算监督职能向管理服务职能的跨越，很好地贯彻"放管服"政策，主管部门可根据集中核算数据和外部相关信息挖掘直接编制准确的综合性财务报告，提高了财务报告的可用性，减轻了基层事业单位报账员的负担，必要时还可以开通远程报账系统，将记账等核算功能返归基层事业单位。

三、优化记账模式

平行记账体系主要使用的是双体系，具有双基础、双功能以及双报告的特点。首先，需要对相关的会计人员的职能进行明确，然后在此基础上进行相关的财务核算工作，财务会计主要使用权责发生制；而预算会计则使用收付实现制。其次，要强化财务报表的编制工作，整个编制过程中要以新制度的相关标准进行，而且在制定的过程中要有财务报表和预算报表。然后，财务报表的内容需要进行详细的复核，对于资产的存量以及资产的价值等要有明确的反映，这可以有效地促进核算工作的质量，进而优化平行记账模式。

四、加强预算管理

预算作为事业单位的核心管理业务，是指事业单位根据事业发展计划和任务编制的年度财务收支计划，包括财务收支规模、结构和资金来源渠道等，是财务管理活动的基本依据。预算既是明确事业目标和任务的一种形式，也是事业单位业务活动控制的重要基础和手段，业务活动都要以预算为基础进行。预算将公共服务目标转化为事业单位内部各部门、各岗位以至个人的具体行为目标，作为单位开展收支业务、采购业务、资产管理等经济活动的约束条件，能够从根本上保证事业单位内部控制目标的实现。所以，加强预算管理，规范预算编制、审批、执行、决算与评价，是创新事业单位会计与财务管理工作模式中必不可少的内容和手段。

虽然预算本身就有控制功能，但也要重视对预算业务过程的控制，以保证实现预算管理目标，发挥预算的控制作用。事业单位预算业务或预算管理应在财政部门预算管理的整体框架和要求范围内，结合自身业务特点而展开。在遵循财政部门预算批复的口径与规则的基础上，应对财政部门预算在本单位内部进行分解和细化，明确完成工作任务的预算实施部门和实现方式，并通过具体的支出事项来体现，实现预算目标。正常情况下，事业单位应坚持"量入为出、统筹兼顾、确保重点、收支平衡"的总原则，采取目标责任制的预算管理方式，对单位内部预算的编制、审批、执行、决算与评价等进行全过程管理。

预算管理是一个持续改进的过程，主要由三个环节构成：预算的编制环节、预算的执行与控制环节和预算的考评环节。财务管理人员要重视对预算的管理，依靠科学化管理进行预算编制，实行收支明细的存档，并安排相关人员审查。单位各部门要配合财务部门的核算，严格控制好时间、项目进出的关系，不能随意改变预算的目的，若真有特殊情况需要追加之处或需要调整要向上级领导申请。

（一）提升预算管理的重视程度

1. 在思想方面进行转变

事业单位的预算管理需要单位内部各个部门的参与配合，除了作为核心部门的单位财务部门外，还涉及单位内设业务部门、单位归口统筹部门等相关职能部门。可以说预算管理就是整个单位内部资源的整合优化过程，需要单位全员、全部门、全过程的参与。当然参与程度和职责范围各有不同。

首先，想要转变事业单位工作人员的思想态度，就需要从事业单位的高层做起，事业单位的高层是事业单位的指向标，在事业单位的发展过程中，很多基层事业单位的工作人员，都会重视高层对于各项制度的态度，因此想要提升事业单位预算管理的重视程度，必须提升高层对于事业单位预算管理的重视程度，这样才能够有效保证基层对于预算管理的重视。其次，加强对这方面的宣传，保证在事业单位之中，可以让事业单位的预算管理工作更深入人心，进而保证事业单位能够执行相关的预算管理工作。最后，加强财务部门的思想建设，财务部门作为预算的主要管理部门，只有加强财务系统性，让预算管理的制定以及实施都有迹可循，才可以保证预算管理的顺利进行。

2. 预算管理方面

首先，需要加强预算的编制，对预算进行科学合理的调查，并且针对调查结果，制定下一期的预算工作。其次，建立健全的考核机制。考核是增强预算管理非常重要的一个部分，可以保证工作人员在工作中受到最大限度的约束，继而对预算管理工作投入更大的重视。最后，在预算执行之中，还需要加强对预算执行方面的监督，保证预算工作可以顺利实施。只有这样，才可以保证预算工作的重要性被事业单位内部工作人员知晓。

（二）坚持预算一体化编制，增强财政统筹保障的能力

首先，在编制预算前，充分考虑单位的实际情况和工作目标，单位领导和员工都应该积极投入预算编制工作，从而提高预算编制的精细化和科学化水平。其次，采用零基预算的编制方法。零基预算的编制方法要求编制人员对单位的人员情况、收支情况、资产情况有全面的掌握，对项目资金要立项、评审、考核全流程管理，不以任何数据为基础进行预算编制。再次，在编制预算时，要打破预算安排条块分割的局面，通过优化资金结构，提高资金投向的精准度，建立清理盘活存量资金的常态机制。最后，加强预算执行的控制。事业单位应按照预算批复，对预算进行层层分解和落实，对预算资金的使用进行把控，严格控制超预算或无预算支出。项目支出一经批复，必须按照既定的用途专款专用，不能将项目资金挪作他用。另外，要建立预算执行责任制。对预算执行不力的，要追究预算执行人的责任。

（三）完善预算编制审核

1. 预算编制逐级审核

事业单位各部门按照预算编制职责、预算编制标准提出预算建议数以及基础申报数据后，按规定的报送方式，提交至预算管理部门。预算管理部门应对提交的预算建议数和基础申报数据进行初审，并进行汇总，形成总预算建议数，交财务部门负责人审核后，提交单位领导审定。单位领导审定后，预算管理部门应按同级财政部门或上级部门规定的格式及要求，报送审核。

2. 预算编制归口审核

预算编制可实行归口部门负责的方式，根据单位内部职责划分，既可以由归口部门负责组织对本部门归口职责范围内的业务事项进行预算的编制与审批，也可以采取归口部门只针对业务部门的预算事项进行专业性审核的方式。如人事部门负责统筹管理并组织编制、审批本单位出国预算；信息化部门可以

负责统筹管理并组织编制、审批本单位所有信息化建设项目的预算，也可以只负责对本单位所有业务部门的信息化项目预算方案中的技术方案和预算金额进行专业审核。归口审核主要是对预算事项方案的可行性、计划的科学性、金额的合理性发表专业性审核意见。

3. 预算编制中的第三方审核

对于建设工程、大型修缮、信息化项目和大宗物资采购等专业性较强的重大事项，可以在预算编审阶段采取立项评审的方式，对预算事项的目的、效果和金额等方面进行综合立项评审，委托外聘专家和机构等第三方进行外部评审更有利于保证预算的合理性。

（三）加大预算执行的力度

预算执行是按预算确定的规则、程序和内容实际开展业务活动、完成财务收支的基本过程。在预算执行环节应保持单位财务核算和业务活动发生的一致性，建立财务核算工作对预算批复和执行工作的信息反馈与验证机制。

在预算执行中，事业单位首要解决的问题，就是预算管理可能出现的各种可行性问题。主要是因为可行性越多，意味着预算内容越不稳定，若是同时存在多个预算可行性内容，需要慎重考虑哪一种可行性内容才是符合实际需求的，最终需要确定一条核心的预算内容，而不能过度强调内容的多样性。其主要在于预算计划与实际预算行动之间会存在一个契合度，只有充分保障每一个预算计划都能够与现实发展状况相符合，才能够最大限度减轻预算执行的阻力，从而让预算进展效率、质量有效提升。也就是说，预算的内容都是理想状态的，想要真正地发挥效果，只有预算的内容足够贴近实际的情况才可以，若是偏差较大，往往预算效果会很差。同时，还要落实预算执行的责任点。每一个部门的每一个人员在预算中都承担了自己的责任，任何一个部分超出了预算，都需要对其进行追责，就不会出现超出预算，但是无法找到相应负责人的情况，才能真正地约束各个部门人员的行为，保证预算不会出现问题。另外，还要有效解决各部门之间的沟通问题。主要是因为目前的事业单位中，存在严重的信息壁垒，各个部门之间的信息内容基本上无法实现有效的传递，导致预算执行过程中，根本无法了解各个部门的实际情况，无法有效地进行预算管理。

1. 加强对预算收入和支出的管理

及时组织预算资金收入，严格控制预算资金支出，不得截留或者挪用应当上缴的预算收入，不得擅自改变预算支出的用途。严格控制超预算支付，调节预算资金收支平衡，防范支付风险。

2.严格资金支付业务的审批控制

及时制止不符合预算目标的经济行为，确保各项业务和活动都在授权的范围内运行。事业单位应当就涉及资金支付的预算内事项、超预算事项、预算外事项建立规范的授权批准制度和程序，避免越权审批、违规审批、重复审批现象的发生。对于预算内非常规或金额重大事项，应经过较高的授权批准层审批。对于预算执行申请额度超过本部门可执行预算指标的情况，应先按预算追加调整程序办理可执行预算指标的申请。执行申请经业务负责人审批后，才能交归口部门审核。

3.建立预算执行实时监控制度

及时发现和纠正预算执行中的偏差。建立预算执行分析机制，定期通报各部门预算执行情况，召开预算执行分析会议，研究解决预算执行中存在的问题，提出改进措施，提高预算执行的有效性。

4.建立重大预算项目特别关注制度

对于重大预算项目，应当建立预算管理项目库，密切跟踪其实施进度和完成情况，实行严格监控。对于重大的关键性预算指标，也要密切跟踪、检查。

5.建立预算执行情况预警机制

科学选择预警指标，合理确定预警范围，及时发出预警信号，积极采取应对措施。事业单位应当推进和实施预算管理的信息化，通过现代信息技术手段控制和监控预算执行，提高预警与应对水平。

6.控制预算调整

预算调整是指在年度预算执行过程中，由于发生不可抗力、上级部门政策调整、临时工作安排等不可预见因素造成的新增加预算、超过原预算或预算明细更改调整的过程。实际中预算调整不可避免，但预算调整应确保调整程序的规范和完整，不能因简化程序而出现控制漏洞。确因政策性和不可预见因素需作预算调整的，应严格按规定程序，提交预算追加、调整方案报单位财务部门和业务归口部门，经领导审批后，以单位名义拟文报相关政府部门或财政部门进行申请。

（四）优化预算考评模式

预算考评是指在决算之后，依据决算结果对执行情况进行考评，对立项审核、批复、执行的过程进行综合评价，主要考评预算业务目标和实际执行过程及结果的一致性。

事业单位应该建立起完善的预算考评模式，对重大项目支出进行预算的时候，承担部门应该有清晰的责任意识，主动开展项目事前评价。要组织专业团队对项目可行性以及风险性进行全面评估，从而保证预算管理的准确性。预算考评是预算管理工作中的重要组成部分，在进行预算考核与评价工作的时候，大多都需要与其他部门进行合作。

首先，想要实现对考评模式的优化，应该注意对其他部门参与到考评工作中的方式进行统一规定；其次，要注意对考评对象类型进行合理划分，在展开财政预算的过程中，要注意根据事业单位实际需求做好财政的支出以及分配工作，对预算结构进行不断优化，使机构控制与总量管控进行有效结合。事业单位的预算管理人员应该注意对数据进行完善以及分类，从而使考评对象类型更加清晰，这样可以有效避免预算收支失衡的情况出现，也使得预算考评更加具有针对性。

五、搞好财会及预算管理的结合

一是应明确过渡时间范围，在此时间内要根据事业单位特征，对财会管理工作要求实施微调，如从单一的财会核算朝财会和预算管理相结合方向实施过度，以此防止单位运行产生动荡，从而对改革成本进行有效控制。二是由于事业单位运行时会出现多种经费，此时要根据经费来源及属性指定针对性预算管控方案，给预算执行预留回旋余地，提高财会管理与预算管理的协调效果。三是重视事业单位与市场的联系，若市场运行时提出了新的约束事业单位社会性层面的要求，则需要实施深刻研究，并在预算中予以体现，更要将其纳入财会核算之内，借助精准核算改善预算科学性，使事业单位市场应变能力得到改善。四是事业单位在财务管理信息化势头影响下，要将预算管理目标归入信息系统内，并要求财务会计及时和各部门及员工传递相关信息，做好沟通工作，帮助全员正确认识预算管理目标，助力提升预算执行能力，完成信息反馈系统的健全工作，实现财会和预算管理协调发展的目标。五是基于预算项目特殊性完成策略调整，如部分项目启动前存在相关资费，财务管理人员要考虑有关内容，完善预算内容，以此对预算成本进行精确反映，改善财务管理质量。

六、优化资产管理规范

事业单位要想达到规范管理资产的目标，就应该针对自身的经营情况建立资产管理规范制度。这项制度的主要适用范围是事业单位对资产进行购进、维修、使用以及报废等环节。事业单位内部可以针对资产管理工作设立相应的管理部门，安排专业的管理者，将职责进行具体量化，提高其对资产管理工作的重视程度。强化日常资产管理工作，对于固定资产，应该合理进行评估和折旧，定期进行清点、变更以及核实，并将其结果及时入账。提高办理相关手续的流程化程度，对资产管理规范进行严格的执行。另外，对资产进行严格的监督，外部的管理部门应该提高资产监督的工作力度，内部的管理部门应该强化自身管理，使内外能够结合起来，提高事业单位资产的安全性。

七、费用报销业务智能化处理路径

费用报销业务作为事业单位常态化财务管理工作之一，在传统财务管理模式下，是财务会计工作的重要组成，日常难免会耗用大量精力用于处理原始报销单据，琐碎、繁杂，且工作重复性极强，申请、采购、报销、付款、会计制证等各环节虽相互关联但又独立割裂。传统利用纸质版数据进行信息采集的财务处理模式，已经不能满足现代发展需求，亟须实现报销管理的智能化处理，提升财务人员工作效率、释放人力。

通过申请、采购与报销业务的联动协同，将事业单位的财务控制关口前移，实现主动管理。借助信息化手段，对原始报销凭证进行图形化电子处理，通过外部电子扫描设备对原始数据信息进行采集，也为在线上固化审核规则、预算控制节点，将日常人工审核工作交给系统进行处理创造了条件。通过与外部第三方进行接口，实现对发票真伪的在线智能识别。利用电子化信息设备的便捷，在录入和处理的过程中，通过传输、联动实现付款单据、电子记账凭证自动生成，进一步优化处理流程，提升会计凭证智能化处理能力，使事业单位财务会计部门，在进行原始凭证、报销单据收集和处理的过程中减少繁杂重复的工作量。移动互联网兴起也为移动办公、移动报销提供了技术支持，尤其在新冠肺炎疫情发生之后，移动办公和移动报销也更为迫切。

八、以会计核算软件为核心的系统接口智能化改造

以会计核算软件为核心的系统间融会贯通和财务信息管理分析平台的功能建设和利用，势必将事业单位的财务管理推向更加智能化的高度。因此需要在事业单位内部，以会计核算软件为核心，以财务信息管理分析平台为中枢，打

通与事业单位内部资产管理、费用报销、工资福利管理、资金管理、报表管理，以及业务系统等等分散的专业管理系统间的访问壁垒，形成原始凭证信息的录入、传输、采集与加工和输出全流程闭环管理的综合财务管理网络，形成造血、输血，做到数据同源，保障数据入口与出口的唯一性，打破传统的信息壁垒，即财务部门不掌握业务数据，业务部门不了解财务数据的情况，还可有效规避数据之间相互矛盾打架的情况，减少冗余数据。

上述综合财务管理网络的搭建，一方面可实现财务信息的可穿透性，通过系统贯通融合，财务管理向业务前端进行延伸，进而实现财务与业务的融合，有效发挥财务分析的价值，提高财务信息的实用性和适用性，发挥业务、财务联动效应。另一方面，前端数据由业务人员进行录入，使业务人员直观感受到归口管理事项创造的价值和增加的成本，引导业务人员行为。同时，通过系统传输生成电子凭证，大大提升了财务人员工作效率，更多精力用于从事数据价值管理，在智能化的工作环境中不断提升综合管理水平。

第四节 加强对事业单位会计与财务管理工作的监督

事业单位会计与财务管理工作监督即事业单位会计机构及人员、政府机关、社会审计机构及人员等依据国家相关法律法规、结合国家统一会计制度准则，通过检查分析，审查核算事业单位的会计工作是否符合会计制度的相关规定，会计资料是否具备真实性、完整性、有效性，发生的各类经济行为以及财务收支项目是否合法、合理、有效。总的来说，事业单位构建完善的会计与财务管理工作监督机制后，需要监督检查事业单位整个会计与财务管理流程和工作执行流程，以国家相关规定和会计制度为指导，保障其监督工作有法可依、有章可循。

一、事业单位中实行会计与财务管理工作监督的重要性

（一）能够提升财务信息质量、真实度

加强事业单位会计与财务管理工作监督，有利于提升财务信息质量，保证财务信息的真实性。我国现阶段各种制度还都在完善，如果会计与财务管理工作监督欠缺，会使得事业单位内部信息的透明程度低，进一步导致会计与财务

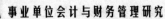

管理工作监督体系不健全，影响事业单位的运行，一些工作人员会出现伪造财务信息、腐败的情况。保证完善的会计与财务管理工作监督机制，即有利于避免上述问题的出现，提升事业单位的财务信息质量，促进事业单位朝着更好的方向发展。

（二）提升事业单位内部管理水平

站在事业单位自身发展的角度看，完善会计与财务管理工作监督机制，做好会计与财务管理工作监督是单位发展的基本要求，有利于促进单位日常管理更加高效顺畅，是事业单位内部管理体系中必不可少的一部分。加强事业单位的内部管控，建立各项管理运行制度及会计与财务管理工作监督机制，能够最大限度地帮助事业单位减少或杜绝会计工作中可能产生的财务弄虚作假行为，不断完善财务管理工作，以提升事业单位整体的内部管理水平，促使事业单位在运营过程中进一步提升整体工作效率。

（三）与市场经济提出的发展需求相适应

在全球经济一体化的进程中，大量的国外企业进入了中国市场，其财务管理以及人才的应用等有较新的管理经验和管理制度，这对于我国事业单位的财务管理有一定的影响。事业单位要想在这样的市场背景下占据一席之地，就必须对自身的工作制度进行改善。事业单位存在员工财务管理不清的问题，财务管理对于事业单位的经济发展以及相关资金的走向有着重要的监督管理作用。在如今经济一体化的社会背景下，事业单位各部门之间的财务管理更加复杂。因此，事业单位必须严格健全财务管理制度，对相关的会计监督管理模式进行一定的创新，不断地提高事业单位的工作效率，促进事业单位的健康发展。

在市场经济不断变化的大前提下，事业单位面临的问题与挑战有很多，财政对事业单位提出的要求变得更加细致化，在事业单位里的会计与财务管理工作开始逐渐复杂化，这些都对事业单位增强自身的会计与财务管理工作监督提出了一定的要求，以预算管理和财务监督体制来对事业单位中的经济活动进行有效规范，增强会计工作的实效性，避免发生贪污腐败等现象，强化面对和解决问题的能力，从而促使事业单位在当前市场经济环境中生存得更好。

（四）强化财政资金的安全性，提升核心竞争力

有效的会计与财务管理工作监督能够对资金的使用展开有效管理，确保其真正在我国相关法律范围内，且资金能够得到一定保障；与此同时这对于加强

预算编制和提高财务管理能力、有效管控成本等方面都起到了十分重要的作用。这不但可以为我国有效节省财政资源，而且还可为事业单位顺利开展各项业务提供必要的保障，确保事业单位会计与财务管理工作监督管理更加严格规范，提高人民群众对事业单位的认可，强化核心竞争力。

（五）推动我国事业单位发展的可持续性

事业单位在发展过程中，协调处理好个人、单位以及国家的利益是其可持续发展的重要因素。所以，加强事业单位会计与财务管理工作监督，对其发展的可持续性有着十分重要的影响。财务部门对于企业、单位的生存发展而言，有着直接的影响，事业单位的发展、经营都直接受到财务部门发展的影响。在我国科学技术、经济发展过程中，我国事业单位规模也呈现出不断扩大的趋势。为了促进事业单位与财务内部监督控制制度之间的适应性，事业单位需要采取有效措施，完善会计与财务管理工作监督，从而推动形成事业单位发展的可持续性。会计与财务管理工作监督能够有效约束会计人员的工作行为，进一步提高会计与财务管理工作的能效性，特别是在事业单位资金管理问题上，可实现制度管理标准化、规范化，规避因个人贪图利益从而损害国家和单位利益的恶劣行为发生。以强化财务监督的形式，划分好事业单位中财务职能，利于对各种违规会计行为加以规避和防范，以免发生互相推托的行为，而且这样有利于防止出现徇私舞弊等现象，确保事业单位的发展更加健康长远和稳定。

尽管会计与财务管理工作监督无法完全打击所有的经济违法行为，但是可以起到很大的震慑和监督约束作用，为提高事业单位的会计管理水平提供保障。

二、加强对事业单位会计与财务管理工作监督的具体措施

（一）提高监督意识

事业单位发展中，要推动会计与财务管理工作监督的有效开展，必须自上而下的培养监督意识，为会计与财务管理工作监督奠定思想与群众基础。事业单位要结合自身发展实际，营造安全、稳定、和谐的内部监督氛围，为会计与财务管理工作监督提供必要保障。单位领导者与管理者需要增强与一线职工的沟通交流，了解职工对会计与财务管理工作监督管理的意见，结合基层职工的个性化差异，有针对性地培养全体人员的监督意识，从而扩大监督主体，提升监督力量，壮大监督队伍。

（二）优化监督环境，合理设置内控岗位

事业单位要想顺利开展会计与财务管理工作监督，必须结合新时代的新形势、新要求，构建良好的内部监督环境。第一，事业单位需要通过岗位调节等措施，实现对各部门、各岗位职责与义务的明确界定，确保各项业务流程规范、科学，如出纳员不能兼任会计档案保管和稽核工作；在这一过程中，需要对制衡点严格把控，确保事业单位运行顺畅；同时要结合实际情况，建立健全考核机制，优化人力资源配置。第二，事业单位设置工作岗位时，要设置监督部门、监督岗位，加强监督力量配备，进而确保部门权力的相互制约。第三，日常工作中，领导者与管理者应该在提高自身内部控制意识的基础上，将提高全体工作人员内部控制意识纳入工作日程。

事业单位应当单独设置内部控制职能部门或者确定内部控制牵头部门，具体负责组织协调内部控制工作。同时，应当充分发挥财会、内部审计、纪检监察、政府采购、基建、资产管理等部门或岗位在内部控制中的作用。

内部控制职能部门的主要职责有：①具体负责组织协调单位内部控制日常工作。②拟定内部控制工作方案或计划，组织开展内部控制工作。③协助风险评估小组开展风险评估工作。④整理单位内部控制工作成果并组织对相关人员的培训。⑤组织相关部门对内部控制制度进行整改和完善。

事业单位合理设置内控岗位是影响内控制度有效性的重要方面，内控制度应在完善组织建设、加强岗位管理、强化制度管理、完善制度考核体系等环节展开优化。第一，不相容岗位分离的核心是岗位相互牵制，要求每项经济业务都要经过两个或两个以上的部门或人员处理，相互协调、制约和监督。第二，要注重专职审核人员的设置，保障审核人员以及出纳和会计不能是同一人员，将会计凭证规范处理。审核人员要注重对原始凭证的真实性审查，保障其完整性。通过从这些基础工作方面进行完善，就能为财务核算工作的质量控制起到积极作用。第三，建立岗位定期轮换制度，提升内控部门岗位人员的业务素质，要求相关岗位人员具有相应的执业技能，能适应内控工作的需要。岗位轮换的意义在于增强事业单位的防控意识，提高工作效率，在单位内部形成正气之风，促进公共服务体系的良好运行。

内部控制岗位的主要职责有：①对内部控制工作实施领导和指挥，明确各部门（岗位）在内部控制体系中的分工和职责。②监督内部控制工作进度，解决内部控制工作中的重点和难点问题。③负责审批与内部控制、风险评估、内

控评价等有关的政策和制度，对内部控制工作各阶段的成果进行验收、确认。④领导内部监督部门对内部控制执行情况进行监督和评价，督促相关部门对内部控制制度进行修订和完善。

事业单位应当充分运用现代科学技术手段加强内部控制。对信息系统建设实施归口管理，将经济活动及其内部控制流程嵌入单位信息系统中，减少或消除人为操纵因素，保障信息安全。事业单位进行信息系统建设要规范信息系统开发、运行和维护流程，建立用户管理制度、系统数据定期备份制度、信息系统安全保密和泄密责任追究制度等措施，以保障信息安全。

（三）完善信息平台，拓宽信息渠道

事业单位应结合信息化建设要求，对现有办公系统、软件工具以及硬件设施等进行更新与升级，积极建设信息平台，推进资源共享，改善与优化内部监督条件。通过对现代信息技术的应用，建立起纵横交错的信息沟通机制，建立覆盖面更广的业务信息管理系统，从而实现业务的互动互联。另外，事业单位要建立科学管用的内控运行机制，实现信息的下情上达；通过对工作的细化分解，明细岗位职责。全力打通各职能部门之间的信息通道，实现数字化办公，提高信息传递与反馈效率，提高整体工作效能。需要注意的是必须做好信息安全工作，防范信息系统遭受攻击，保证单位内部信息的绝对安全。要进一步深化政务信息公开。随着中央八项规定及其实施细则的深化落实以及党风廉政建设的深入展开，事业单位的政务信息公开情况受到了人民群众的热切关注，关注的焦点落在了"三公"经费使用以及物资采购和工程建设招投标问题上。对此事业单位要用好网络和多媒体平台，将本单位的组织架构、年度目标与计划实施、公开招投标、干部任免工作等信息公开，积极接受人民群众监督，夯实群众基础，强化群众信任感，实现内部监督与外部监督同步推进。

（四）充分发挥审计监督机关的作用

由于事业单位会计与财务管理工作比较复杂，其中涉及的规章制度也比较多。一旦各项规章制度出现问题，必然导致事业单位会计与财务管理工作出现问题，这对于事业单位发展也有很大的影响。为改善这一现状，就需要保证审计监督机关对事业单位经济变动实施有效监督，控制事业单位财务会计管理问题，使得财务会计管理制度的完善性有所提升。对于事业单位财务会计管理中不合理的规章制度，可以通过审计监督机关来解决财务会计管理中各项规章制度潜藏的问题，这一举措能够在提升财务会计管理制度完善性和合理性的同时，

提升事业单位发展水平，形成相互协调的财务会计管理工作机制，将事业单位财务会计管理问题控制在初始发生阶段。

（五）完善内部治理结构

1. 强化对单位决策的监督和制约

形成权责对等统一的制度，建立健全用权不当的问责机制。政务公开是最有效的监督，让权力在阳光下运行，公开业务运行的全过程。科学分解事务权限，严格执行内部制约机制，优化各部门间的职责分工，合理划分职责权限，形成各部门间相互监督、相互制约的机制，减少权力运行的随意性，维护权力运行的公开性、有序性、严肃性。

2. 完善风险管理体系

建立健全风险评估工作机制。风险评估工作是为了及时识别风险，并能组织建立合理的风险应对策略。风险管理主要包括风险分析、风险评价和风险控制三部分，追求风险与收益的最佳平衡。增强事业单位预防和管控各种风险的能力，应成立风险评估部门，由财务负责人兼任风险评估部门负责人，并配备相关岗位人员，可以将其设置在内控部门。

3. 抓好内控制度落实

事业单位内部控制是为了确保单位取得的财政性资金的高效使用。相互制衡与流程化是内控制度的两个重要特征。事业单位应制定标准的工作流程，使决策执行在有效监督之下。在做好内控制度落实工作时，要对内控岗位人员建立相应的评价制度，完善考核办法。

内部控制有多种实现形式：①实物牵制，即由两个或两个以上人员共同掌管必要的实物工具，共同完成一定程序的牵制。例如，将保险柜的钥匙交由两个或两个以上的工作人员保管，不同时使用这两把或两把以上的钥匙，保险柜就无法打开，以防止个人作弊。②程序控制，即只有按照正确的程序操作，才能完成一定的操作。将事业单位各项业务的处理过程，用文字说明方式或流程图的方式表示出来，以形成制度，颁发执行，要求所有的业务活动都要建立切实可行的办理程序。③体制牵制，即为防止错误和舞弊，对每一项经济业务的处理，都要求有两人或两人以上共同分工负责，相互牵制、互相制约的机制。这主要通过组织分工来实现。其基本要求是职责分离。它不仅要求划分职责，明确各部门或个人的职责和应有的权限，同时还要规定相互配合与制约的方法。

因为恰当的组织分工是内部牵制最重要、最有效的方法。④簿记牵制，即原始凭证与记账凭证、会计凭证与账簿、账簿与账簿、账簿与会计报表之间核对的牵制。

（六）重视监督人员的业务培训工作

部分事业单位的财务人员存在专业能力不强，难以满足岗位职责要求的情况，这样就造成工作中的执行力难以实现预期的效果，影响到监督工作的开展。当前，在快速发展的科学技术影响下，传统监督模式难以满足互联网信息技术的快速发展，这就应该从实际出发进行监督模式的创新发展，保障监督手段的多样化，才能有效实现事业单位会计信息的质量得到全面提升。在具体的工作中，财务人员应从实际出发，积极参加相应的专业化培训活动，重视监督方法的不断学习，加强查账监督能力，重视法律法规、经济管理、财务会计以及监督检查方面的内容。

参 考 文 献

［1］ 缪匡华.行政事业单位财务管理［M］.北京：清华大学出版社，2013.

［2］ 刘鹏.大数据［M］.北京：电子工业出版社，2017.

［3］ 霍雨佳，周若平，钱晖中.大数据科学［M］.成都：电子科技大学出版社，2017.

［4］ 杜启杰.大数据大战略［M］.北京：中国言实出版社，2017.

［5］ 王晨明，林常青.《政府会计制度》解读［M］.北京：新华出版社，2018.

［6］ 政府会计制度编审委员会.政府会计制度主要业务与事项账务处理实务详解［M］.北京：人民邮电出版社，2018.

［7］ 李敏.政府会计：行政事业核算新模式［M］.上海：上海财经大学出版社，2018.

［8］ 姬潮心，王媛.大数据时代下的企业财务管理研究［M］.北京：中国水利水电出版社，2018.

［9］ 江青.数字中国：大数据与政府管理决策［M］.北京：中国人民大学出版社，2018.

［10］ 王兴山.数字化转型中的财务共享［M］.北京：电子工业出版社，2018.

［11］ 管晨智.政府单位会计［M］.成都：电子科技大学出版社，2019.

［12］ 李启明.政府单位会计实务［M］.北京：中国人民大学出版社，2019.

［13］ 王欣.预算会计［M］.成都：电子科技大学出版社，2019.

［14］ 黄炜.国有资产管理［M］.上海：上海财经大学出版社，2019.

［15］ 中华人民共和国财政部.政府会计制度［M］.上海：立信会计出版社，2019.

［16］ 陈志红.行政事业单位财务共享论［M］.北京：中国财政经济出版社，2019.

［17］ 刘学华 . 政府会计［M］. 上海：立信会计出版社，2020.

［18］ 向银华，周祥军，李秀红 . 预算会计［M］. 长春：吉林出版集团股份有限公司，2020.

［19］ 董智 . 新时代财务管理与审计［M］. 北京：经济日报出版社，2020.

［20］ 李晓娟 . 事业单位会计的作用［J］. 全国流通经济，2017（3）：83-84.

［21］ 陈劲青 . 事业单位会计改革研究［J］. 经济视野，2017（8）：79.

［22］ 景佳 . 浅谈事业单位的会计监督［J］. 科技创新导报，2017，14（13）：174.

［23］ 王德思 . 事业单位会计改革研究［J］. 赤子（上中旬），2017（1）：132.

［24］ 李颖 . 浅析事业单位会计制度下的事业单位内部控制［J］. 财经界，2017（19）：78-79.

［25］ 葛涛 . 事业单位的预算管理［J］. 中外企业家，2017（14）：102.

［26］ 张颖，刘毅 . 关于事业单位会计监督职能的探讨［J］. 中国市场，2017（18）：275.

［27］ 徐红 . 事业单位会计监督机制的措施［J］. 中外企业家，2017（18）：94-95.

［28］ 毛红霞 . 事业单位会计改革研究［J］. 山西青年，2020（7）：270.

［29］ 张亨明，章皓月 . 事业单位会计改革探析［J］. 江淮论坛，2020（6）：73-78.

［30］ 刘九红，刘艺 . 如何加强事业单位财务管理工作［J］. 财富生活，2020(2)：141.

［31］ 陈鹏哲，王希江 . 事业单位财务管理与会计核算研究［J］. 财会学习，2020（36）：23-24.

［32］ 郑海苹 . 新政府会计制度实施问题与建议［J］. 行政事业资产与财务，2020（11）：36-37.

［33］ 林玉华 . 浅析新政府会计制度的创新与意义［J］. 中国乡镇企业会计，2020（1）：104-105.

［34］ 陶叶青 . 浅析新政府会计制度对会计核算的影响［J］. 现代营销（经营版），2020（12）：204-205.

［35］ 吴萍萍 . 新政府会计制度对事业单位会计核算的影响［J］. 财会学习，2020（11）：140.

［36］郝洁.新政府会计制度对事业单位的影响［J］.合作经济与科技,2020(7)：
133-135.

［37］陈菲.大数据背景下事业单位财务管理问题探讨［J］.会计师,2020,
（23）：22-23.

［38］陈榕.大数据时代背景下事业单位会计管理面临的问题及对策［J］.大众
投资指南,2020（20）：133-134.

［39］倪靖.事业单位财务信息化建设对策研究［J］.中国农业会计,2020（7）：
6-7.

［40］李臻.事业单位会计制度改革的创新研究［J］.当代会计,2020（15）：
31-32.

［41］相洪海.谈事业单位财务资金管理［J］.财会学习,2020（30）：20-21.